KYUNG HEE KOREAN

경희한국어

고급 2

문법

경희한국어

고급 2 문법

초판 1쇄 발행 2020년 3월 23일
초판 2쇄 발행 2023년 1월 17일

지은이 권오희 전현정 이경희 곽정례 김경지 남정희
박은정 심규성 유성희 이훈 이명귀 홍윤기
펴낸이 한균태
펴낸곳 경희대학교 출판문화원
일러스트 이미지포유

주소 서울 동대문구 경희대로 26
전화 02-961-0106~8
팩스 02-961-0291
설립 1960년 9월 16일 제5-8호
등록 1977년 11월 8일 제6-5호
홈페이지 www.khupress.com
전자우편 press@khu.ac.kr

ISBN 978-89-8222-658-8 (14700)
978-89-8222-641-0 (14700) 세트

* 표제 서체 ⓒ한국관광공사 경기도체
* 이미지 제공: 게티이미지뱅크, 게티이미지코리아
* 이 책에 사용된 모든 자료는 출처 및 저작권을 확인하고 정상적인 절차를 밟아 사용하였습니다. 누락된 부분이 있으면 이후 확인 과정을 거쳐 반영하겠습니다.

KYUNG HEE KOREAN

경희한국어

고급 2

문법

경희대학교 출판문화원

머리말

경희대학교는 1993년에 한국어교육 과정을 개설한 이래 학습자가 한국어와 한국 문화를 재미있게 배울 수 있도록 노력해 왔다. 《경희한국어》 교재편찬위원회와 출판문화원은 그간의 교수 학습의 성과를 기초로 하여 《경희한국어》를 새롭게 출간한다.

이번에 출간하는 한국어 교재는 《경희한국어》 중급 1과 중급 2의 '문법', '듣고 말하기', '읽고 쓰기', 고급 1과 고급 2의 '문법', '듣고 말하기', '읽고 쓰기' 12권이다. 이로써 '첫걸음'을 시작으로 한 《경희한국어》 시리즈 총 19권을 완간하게 되었다.

'문법'은 학습자가 반드시 익혀야 할 문법 항목을 중심으로 학습 내용을 구성하였다. 연습 문제와 과제를 넉넉히 제시하여 해당 문법의 의미와 기능을 익히도록 하였으며 적절한 상황 맥락을 제시하여 문법 항목을 활용해 말하기 활동을 하도록 하였다.

'듣고 말하기'는 주제와 관련된 듣기 활동과 말하기 활동이 긴밀하게 연관되도록 구성하였다. 듣기를 통해 이해한 내용이 말하기의 주요 소재가 되도록 하였으며 다양한 상황을 제시하여 학습자가 스스로 응용하여 말할 수 있도록 내용을 짰다.

'읽고 쓰기'는 주제에 관한 읽기 활동과 쓰기 활동이 유기적으로 결합되도록 구성하였다. 학습자 수준에 부합하는 읽기 자료를 제공함으로써 한국어 텍스트에 대한 문식력을 키우도록 하였다. 더불어 읽기 텍스트를 모방하는 쓰기 활동뿐만 아니라 학습자가 자신의 문화적 배경, 경험, 지적 능력을 충분히 발현하여 쓰기 활동을 할 수 있도록 쓰기 과제를 구성하였다.

《경희한국어》 출간에 맞추어 《경희한국어》 교재편찬위원회는 경희사이버대학교와 함께 온라인 한국어 강의도 개발하였다. 학습자가 《경희한국어》 온라인 강의를 자율적으로 학습함으로써 보다 정확하고 유창한 한국어를 구사할 수 있도록 설계하였다. 아울러 학습자가 수동적인 자세에서 벗어나 능동적이고 적극적인 학습자로 성장해 나가도록 체계적이고 효율적인 모바일 LMS를 마련하였다.

마지막으로 《경희한국어》 집필위원과 출판문화원 교직원들께 고마움을 전한다. 이분들의 헌신이 없었다면 이 교재는 세상에 나오지 못했다. 교재 발간 시작에서 마무리까지 이분들의 손길이 가득하다. 아울러 《경희한국어》 출간을 물심양면으로 지원해 주신 학교 관계자들께도 깊이 감사드린다.

2020년 3월
경희대학교 《경희한국어》 교재편찬위원회

일러두기

경희한국어 고급 2는 한국어를 배우려는 성인 학습자를 위한 한국어 교재 6단계 중 여섯 번째에 해당하는 교재이다. 이 책은 **문법** 교재로 고급 한국어 학습자가 다양한 상황에서 의사소통할 때 정확한 문장을 구사할 수 있도록 구성하였다. 일상에서의 풍부한 언어생활뿐만 아니라 전문 분야 연구나 업무 수행에도 활용할 수 있도록 정치, 경제, 사회, 문화 전반에 걸친 다양한 소재를 예문과 연습에 제시하였다. 이 책을 통해 학습자는 의사소통 상황에 맞는 문법을 정확하고 유창하게 발화하고 공식 · 비공식, 구어 · 문어를 맥락에 따라 적절히 구분해 사용할 수 있을 것이다.

이 책은 교실 수업 외에도 학습자 스스로 학습할 수 있도록 구성되어 있다. 자가 학습을 할 경우 **경희한국어 웹사이트**를 통해 다양한 상황과 맥락을 이해하고 표현할 수 있도록 MP3와 확장 자료를 지원하고 있다.

◆ 이 책의 주요 특징

01 일상생활과 학술 활동 및 업무 수행에서 사용되는 문법 항목 중 빈도가 높은 항목을 중심으로 30개를 선정하였다.

02 각 문법 항목은 **도입 대화** ▶ **의미 제시** ▶ **연습** ▶ **활동**으로 구성되어 있으며 문법의 의미를 추측하는 데서부터 다양한 상황에 맞게 활용하는 데까지 단계적으로 학습이 이루어지도록 구성하였다.

03 필요한 경우 〈한 가지 더〉에서 해당 문법의 화용적 특성에 대한 추가 정보를 제시함으로써 성공적인 의사소통이 가능하도록 배려하였다.

◆ 단원 구성

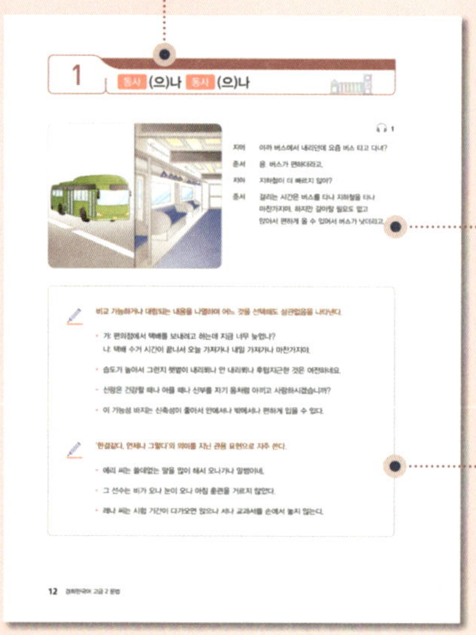

목표 문법 제시

학습할 문법을 제시하였다.

도입 대화

해당 문법이 사용되는 전형적인 담화 상황을 제시하여 문법의 의미를 추측할 수 있도록 구성하였다.

의미 제시

해당 문법의 의미를 설명하고 적절한 대화 및 예문을 제시하였다.

연습 1

목표 문법을 사용해 자연스럽게 발화해 보도록 연습을 구성하였다.

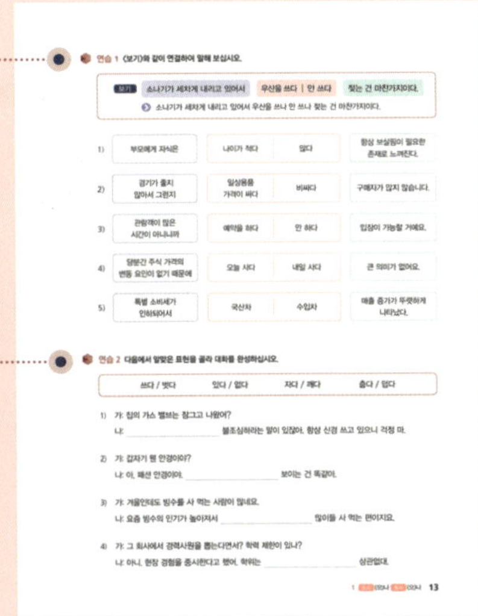

연습 2

적절한 어휘와 표현을 골라 대화를 완성하는 연습을 구성하였다.

연습 3

학습자가 내용을 채워 문장을 완성하는 연습을 구성하였다.

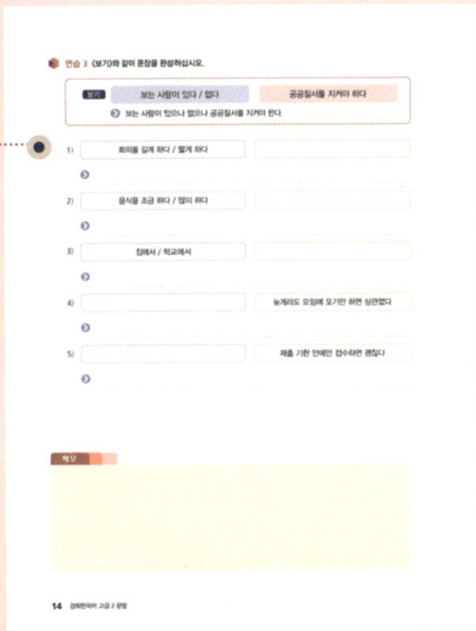

활동

목표 문법을 활용하여 실제 담화 상황에 맞는 대화나 발표 등을 할 수 있도록 예를 제시한 후 학습자 간 상호작용을 하도록 구성하였다.

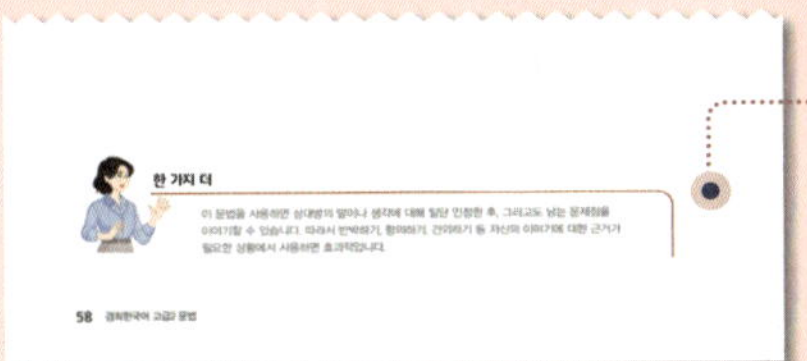

한 가지 더

해당 문법을 사용할 때 참고할 만한 화용적 특성을 제시하였다.

등장인물

자이튼 사닐
Zeitoun Sanil

터키
학생

김은영
Kim Eunyeong

한국
한국어 교사

레아 마르텡
Lea Martin

프랑스
학생

루카스 윌리엄스
Lucas Williams

미국
학생

응웬 티 흐엉
Nguyen Thi Huong

베트남
학생

장민
Zhang Min

중국
학생

최지아
Choi Jia

한국
대학생

한나 요한손
Hanna Johansson
스웨덴
학생

사토 나츠미
Sato Natsumi
일본
학생

이반 이바노프
Ivan Ivanov
러시아
학생

이준서
Lee Junseo
한국
대학생

리첸
Lee Chen
싱가포르
회사원

타냐 모코닌
Tanya Mokonin
에티오피아
회사원

박상진
Park Sangjin
한국
회사원

CONTENTS

차례

1 동사 (으)나 동사 (으)나

1

지아 아까 버스에서 내리던데 요즘 버스 타고 다녀?

준서 응. 버스가 편하더라고.

지아 지하철이 더 빠르지 않아?

준서 걸리는 시간은 버스를 타나 지하철을 타나 마찬가지야. 하지만 갈아탈 필요도 없고 앉아서 편하게 올 수 있어서 버스가 낫더라고.

비교 가능하거나 대립되는 내용을 나열하며 어느 것을 선택해도 상관없음을 나타낸다.

- 가: 편의점에서 택배를 보내려고 하는데 지금 너무 늦었나?
  나: 택배 수거 시간이 끝나서 오늘 가져가나 내일 가져가나 마찬가지야.
- 습도가 높아서 그런지 햇볕이 내리쬐나 안 내리쬐나 후텁지근한 것은 여전하네요.
- 신랑은 건강할 때나 아플 때나 신부를 자기 몸처럼 아끼고 사랑하시겠습니까?
- 이 기능성 바지는 신축성이 좋아서 안에서나 밖에서나 편하게 입을 수 있다.

'한결같다, 언제나 그렇다'의 의미를 지닌 관용 표현으로 자주 쓴다.

- 그 사람은 쓸데없는 말을 많이 해서 오나가나 말썽이네.
- 박진성 선수는 비가 오나 눈이 오나 아침 훈련을 거르지 않았다.
- 레나 씨는 시험 기간이 다가오면 앉으나 서나 교과서를 손에서 놓지 않는다.

연습 1 〈보기〉와 같이 연결하여 말해 보십시오.

보기	소나기가 세차게 내리고 있어서	우산을 쓰다 | 안 쓰다	젖는 건 마찬가지이다.

➡ 소나기가 세차게 내리고 있어서 우산을 쓰나 안 쓰나 젖는 건 마찬가지이다.

1)	부모에게 자식은	나이가 적다	많다	항상 보살핌이 필요한 존재로 느껴진다.
2)	경기가 좋지 않아서 그런지	일상용품 가격이 싸다	비싸다	구매자가 많지 않습니다.
3)	관람객이 많은 시간이 아니니까	예약을 하다	안 하다	입장이 가능할 거예요.
4)	당분간 주식 가격의 변동 요인이 없기 때문에	오늘 사다	내일 사다	큰 차이가 없어요.
5)	특별 소비세가 인하되어서	국산차	수입차	매출 증가가 뚜렷하게 나타났다.

연습 2 다음에서 알맞은 표현을 골라 대화를 완성하십시오.

쓰다 / 벗다　　있다 / 없다　　자다 / 깨다　　춥다 / 덥다

1) 가: 집의 가스 밸브는 잠그고 나왔어?
나: ____________ 불조심하라는 말이 있잖아. 항상 신경 쓰고 있으니 걱정 마.

2) 가: 갑자기 웬 안경이야?
나: 아, 패션 안경이야. ____________ 보이는 건 똑같아.

3) 가: 겨울인데도 빙수를 사 먹는 사람이 많네요.
나: 요즘 빙수의 인기가 높아져서 ____________ 많이들 사 먹는 편이지요.

4) 가: 그 회사에서 경력사원을 뽑는다면서? 학력 제한이 있나?
나: 아니. 현장 경험을 중시한다고 했어. 학위는 ____________ 상관없대.

연습 3 <보기>와 같이 문장을 완성하십시오.

보기	보는 사람이 있다 / 없다	공공질서를 지켜야 하다

➤ 보는 사람이 있으나 없으나 공공질서를 지켜야 한다.

1) | 회의를 길게 하다 / 짧게 하다 | |

➤

2) | 음식을 조금 하다 / 많이 하다 | |

➤

3) | 집에서 / 학교에서 | |

➤

4) | | 오기만 하면 상관없다 |

➤

5) | | 제출 기한 안에만 접수하면 괜찮다 |

➤

메모

활동 다음 상황에 맞게 이야기해 봅시다.

서비스업 종사자와 인터뷰하기

- 질문
  가장 힘든 점
- 대답
  자기 기분과 상관없이 고객에게 언제나 친절하게 응대하는 감정 노동을 해야 한다

기자: 백화점에 근무하신 지 얼마나 되셨어요?

직원: 5년 정도 됐어요.

기자: 어떤 점이 가장 힘드세요?

직원: 기분이 좋을 때나 안 좋을 때나 친절하게 고객을 응대해야 하는 게 힘들어요.

1 습관에 대해 이야기하기

습관 ....

....

문제가 되는 이유 ....

....

2 택배 기사와 고충 토로하기

질문 ....

....

고충 ....

....

2 명사 (이)야

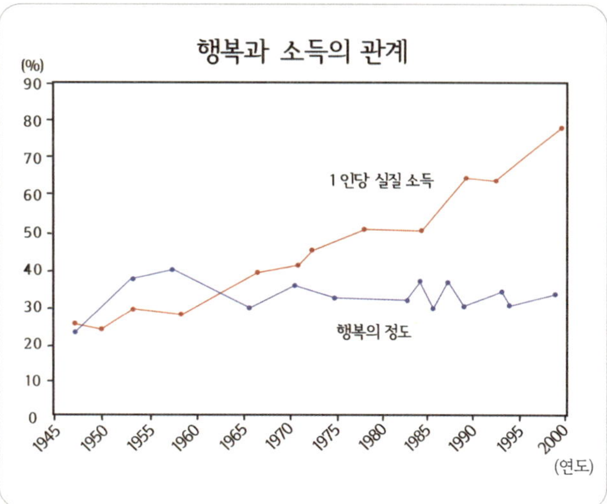

2

강연자 여러분은 한 달에 얼마나 벌면 행복할 것 같아요?

청중 천만 원 정도요.

강연자 네. 돈이야 많으면 많을수록 좋겠지요. 그럼 소득이 증가하는 만큼 행복도 계속 커질까요? 한 경제학자의 연구에 따르면 소득이 일정 수준에 도달하고 기본적 욕구가 충족되면 그 다음부터 소득 증가는 행복에 큰 영향을 끼치지 않는다고 합니다.

어떤 대상이 당연히 그러함을 강조할 때 사용한다.

- 가: 갑자기 프로젝트 회의가 잡혀서 그러는데 우리 모임 날짜를 좀 미뤄도 될까?
  나: 나야 상관없는데 다른 애들은 어떨지 모르겠네.
- 가: 정부에서 저출산 문제 해결을 위한 방안의 하나로 아동수당을 지급할 거라고 하네요.
  나: 아이를 키우는 입장에서 당연히 도움이야 되겠지요. 그렇지만 여전히 액수가 적어서 별로 효과는 없을 것 같아요.
- 도시에서야 남의 일에 간섭하는 것이 실례지만 농촌에서는 그것을 관심의 표현으로 받아들이는 경우가 많다.

어떤 대상이 특별하거나 대단하지 않은 것임을 나타낼 때 사용한다.

- 가: 저기 죄송한데요. 제가 커피를 들고 나가다가 매장 바닥에 쏟아서요.
  나: 아, 괜찮습니다. 바닥이야 제가 치우면 되니까 그냥 가셔도 됩니다.
- 가: 자전거 체인이 빠져서 그러는데 이거 좀 끼워줄 수 있어?
  나: 그럼. 이 정도야 식은 죽 먹기지.
- 서로를 사랑하는 두 사람의 마음만 확실하다면 나이 차이야 얼마든지 극복할 수 있지.

연습 1 〈보기〉와 같이 바꾸어 말해 보십시오.

보기 다른 사람은 몰라도 **그 사람은** 가수 지망생이니까 노래를 잘 부르겠지요.

→ 다른 사람은 몰라도 그 사람이야 가수 지망생이니까 노래를 잘 부르겠지요.

1) **말은** 누구나 할 수 있지만 그것을 실천하는 것은 쉽지 않다.

2) **부모는** 어린 자식이 뭘 하든 이해해 주지만 다른 사람들은 그렇지 않을걸요.

3) **몸에 생긴 상처는** 시간이 지나면 아물겠지만 마음에 생긴 상처는 쉽게 치유되지 않을 것이다.

4) 작품의 완성도를 높일 수만 있다면 **며칠 밤새우는 것 정도는** 문제도 아니지.

5) **나 하나쯤은** 괜찮겠지 하는 생각으로 불법 주차를 하는 사람들이 많다.

연습 2 다음에서 알맞은 표현을 골라 대화를 완성하십시오.

이동하기	식구들 걱정	이 정도 문제	안 오는 것보다

1) 가: 작업해 둔 파일이 날아가서 난감했는데 도와줘서 고마워.
나: ________________ 간단하게 해결할 수 있으니까 다음에도 이런 일이 생기면 연락해.

2) 가: 전주로 여행을 가려고 하는데 직접 운전해서 가는 게 좋을까?
나: 차를 끌고 가면 ________________ 편하겠지만 운전이 힘들지 않겠어?
그냥 대중교통을 이용하는 게 좋을 것 같아.

3) 가: 가족을 남겨 두고 해외 파견 근무를 가는 것이 쉽지 않았을 텐데 어떻게 그런 결정을 했어요?
나: ________________ 물론 했죠. 그렇지만 이번 기회를 놓치면 후회할 것 같아서요.

4) 가: 평소에는 시장에 오지도 않던 사람들이 선거철만 되면 와서 뽑아 달라고 인사하는 거 보면 너무 속 보여요.
나: 그래도 아예 ________________ 선거 때라도 관심을 보이는 게 백번 낫지요.

연습 3 〈보기〉와 같이 문장을 완성하십시오.

보기 | 글은 틀리면 지우고 고치다 | 한번 내뱉은 말은 다시 주워 담기 힘들다

→ 글이야 틀리면 지우고 고칠 수 있지만 한번 내뱉은 말은 다시 주워 담기 힘들다.

1) 단순한 업무는 인공 지능 로봇으로 대체하다 | ______

→

2) 친한 친구에게는 고민을 털어 놓다 | ______

→

3) 퇴근 시간은 이미 지나다 | ______

→

4) ______ | 피자 한 판은 혼자서 못 먹다

→

5) ______ | 내 도움이 필요하면 언제든지 연락하다

→

메모

활동 다음 상황에 맞게 이야기해 봅시다.

아픈 부위에 대해 친구와 이야기하기

- 증상
  손목이 저리고 아픔
- 내 생각
  이 정도 통증은 괜찮다고 참는 사람들이 많음

가: 요즘 컴퓨터 작업을 많이 해서 그런지 손목이 저리고 아파.

나: 혹시 손목터널증후군 아니야? 키보드나 마우스를 많이 사용하는 사람들에게 흔히 나타나는 증상이래. 통증이 계속되면 병원에 가 봐.

가: 나는 아직 병원에 갈 정도는 아닌 것 같은데.

나: 너처럼 이 정도 통증이야 괜찮다고 참는 사람들이 많아. 그런데 제때 치료를 받지 않으면 팔이나 어깨까지 저릴 수 있으니까 꼭 가 봐.

1 고민하는 친구에게 조언하기

친구의 고민 ....

....

조언 ....

....

2 사회 현상에 대한 의견 말하기

사회 현상 ....

....

내 의견 ....

....

3 동사 (으)ㄴ가/는가 하면

3

한나　어제 어떤 프로그램을 봤는데 나라마다 투표하는 것도 좀 다르더라.

준서　그래? 어떻게 다른데?

한나　어떤 나라에서는 후보의 이름이 적혀 있는 투표용지를 골라 봉투에 넣는가 하면 어떤 나라에서는 후보자의 이름을 투표용지에 직접 쓴대. 한국에서는 어떻게 해?

준서　한국은 투표용지에 모든 후보자 이름이 적혀 있어. 그중 자기가 지지하는 후보자 이름 옆에 기표를 해.

어떤 대상이나 상황에 대해 여러 양상이 있음을 나타낼 때 사용한다.

- 가: 최근에 식당 개업했다면서? 장사는 잘돼?
  나: 글쎄. 평일에는 손님들로 가게가 복잡한가 하면 주말에는 사람들이 없어서 한가해.
  회사 근처라서 그런지 요일에 따라 손님 오는 게 다르더라고.
- 가: 요즘에는 백화점의 명품이 잘 팔리는가 하면 마트의 저가 상품도 불티나게 팔린다네요.
  나: 아주 싸거나 비싼 상품에만 소비자들이 지갑을 여는군요.
  경기 불황으로 인한 소득의 양극화가 점점 심해지는 것 같아요.
- 야구 경기가 시작되자 관중들이 타석에 들어선 선수를 향해 함성을 지르는가 하면 응원가를 부르면서 선수를 응원했다.
- 연일 이어지는 폭염 탓에 철도 선로가 휘어지는가 하면 열차의 냉방 장치가 고장나 승객들이 이용에 불편을 겪고 있습니다.
- 코미디 프로그램을 보며 배를 잡고 웃는 사람이 있는가 하면 미소만 짓는 사람이 있고 도통 관심이 없는 듯 무덤덤한 사람도 있다.

연습 1 〈보기〉와 같이 연결하여 말해 보십시오.

보기

외국인 축제에서는 각 나라의 전통 노래 공연이 펼쳐지다	음식 문화 체험 행사가 진행되기도 한다.

➔ 외국인 축제에서는 각 나라의 전통 노래 공연이 펼쳐지는가 하면 음식 문화 체험 행사가 진행되기도 한다.

1)	직설적으로 말하는 사람들은 주변에서 솔직하다는 평가를 받다	건방지다는 평가를 듣기도 한다.
2)	요즘 광고는 영상 기술로 소비자의 호기심을 유발하다	감성적인 스토리로 소비자에게 감동을 주기도 해요.
3)	반복되는 일상은 늘 비슷하기에 지루하다	큰 무리가 없기에 편안하기도 합니다.
4)	예술가처럼 창의력을 발휘해야 하는 직업이 있다	심리 치료사처럼 공감 능력이 뛰어나야 하는 직업도 있다.

연습 2 다음에서 알맞은 표현을 골라 대화를 완성하십시오.

힘을 보태다　　격려를 하다　　짜증을 내다　　유전적 요인이 있다

1) 가: 저학년일수록 '새 학기 증후군'이 많이 발생한다던데 어떤 증상이 있습니까?
나: 아이들이 긴장감으로 인해 ________________ 화장실에도 자주 가는 증상을 보입니다.

2) 가: 사내 봉사 동아리에서 하는 활동들을 소개해 주십시오.
나: 저희 동아리에서는 일손이 부족한 농가를 직접 찾아가 ________________ 헌혈 캠페인에도 적극 참여하고 있습니다.

3) 가: 최근 20대와 30대 탈모 환자가 늘고 있는데 특별한 원인이 있나요?
나: 탈모 원인은 사람마다 다릅니다. ________________ 스트레스와 같은 후천적 요인도 있죠.

4) 가: 경솔한 언행으로 비난을 받은 아나운서가 SNS에 사과 영상을 올렸는데 이걸 본 사람들의 의견이 분분한가 봐.
나: 나도 댓글을 봤는데 어떤 사람들은 기운 내라면서 ________________ 어떤 사람들은 그 아나운서가 나온 방송은 무조건 안 보겠다면서 거부 반응을 보이더라고.

연습 3 〈보기〉와 같이 문장을 완성하십시오.

보기	지하철 안에서	어떤 사람들은 졸다	어떤 사람들은 음악을 듣다

→ 지하철 안에서 어떤 사람들은 조는가 하면 어떤 사람들은 음악을 듣기도 한다.

1)	머리를 끄덕이는 행위는	어떤 나라에서는 긍정의 의미가 있다	

→

2)	위기 상황에 처했을 때	어떤 사람들은 당황해서 우왕좌왕하다	

→

3)	요즘에는 음성 인식 인공 지능 기기를 사용해서	날씨를 물어보다	

→

4)	아날로그 감성을 그리워하는 사람들은	전자책 대신 종이책을 읽다	

→

5)	사람마다 잠버릇이 달라서 잠을 잘 때		

→

활동 다음 상황에 맞게 이야기해 봅시다.

특별한 음식에 대해 설명하기

- 음식
  제주도에서 파는 라면
- 특징
  라면 위에 고기 튀김이 올려져 있다
  라면 위에 문어 한 마리가 통째로 들어 있다

가: 방학 때 제주도에 놀러갔다 왔는데 식당에서 특별한 라면을 팔더라고요.

나: 특별한 라면이요?

가: 네. 어떤 식당에서는 라면 위에 고기 튀김을 올려주는가 하면 또 다른 식당에서는 문어 한 마리를 통째로 넣어 주더라고요. 그래서 평소에 즐겨 먹던 라면보다 훨씬 맛있었어요.

나: 와, 그런 재료가 들어간 라면이라면 맛없을 수가 없겠네요. 다음에 제주도에 가면 꼭 찾아서 먹어 봐야겠어요.

1 학생들의 다양한 모습 묘사하기

장소

모습

2 이상 기후 현상에 대해 발표하기

이상 기후 원인

피해 상황

4 동사 거니와

4

기자 딸기가 참 먹음직스럽네요. 음악 농법으로 딸기 농사를 지으신다면서요?

농민 네. 음악을 들려주면 병충해 억제에도 도움이 되거니와 당도도 높아져서 농약이나 비료를 덜 써도 돼요.

기자 음악이 식물에도 영향을 미치는군요. 그렇게 생산한 작물은 소비자도 좋아하겠는데요.

농민 그럼요. 안전한 농산물이니까 다들 좋아하시죠.

어떤 상황을 인정하면서 다른 상황이 더 있음을 덧붙일 때 사용한다.

- 가: 동물을 포획할 때 쓰는 마취총이 문제가 많다고 하는데 사실입니까?
  나: 네. 총을 맞아도 바로 마취가 되지 않거니와 잘못하면 동물이 죽을 수도 있기 때문입니다.
- 가: 지금 촬영 중인 드라마가 시간 여행에 관한 건데요. 어떻게 출연을 결심하셨나요?
  나: 대본 내용도 독특하거니와 역할도 매력적이었기 때문에 이건 무조건 해야겠다고 생각했어요.
- 채소 값이 싸다고 대량으로 구매하면 어차피 다 먹을 수도 없거니와 결국에는 버리게 되므로 돈을 낭비한 것과 같다.
- '아이 하나를 키우는 데 온 마을이 필요하다'라는 말은 가정과 학교는 물론이거니와 지역 사회가 관심을 가지고 노력해야 함을 의미한다.
- 인생을 살아가면서 어떤 선택을 하느냐도 중요하거니와 그에 못지않게 선택에 대한 믿음을 갖는 것도 중요하다.

연습 1 〈보기〉와 같이 연결하여 말해 보십시오.

보기 우리는 취향도 비슷하다 / 성격도 잘 맞아서 항상 붙어 다녀요.

➔ 우리는 취향도 비슷하거니와 성격도 잘 맞아서 항상 붙어 다녀요.

1)	백색 소음은 집중력도 높여주다	마음을 차분하게 해 주는 효과도 있다고 해요.
2)	이 정도 업무라면 부담도 적다	눈 감고도 충분히 할 수 있지.
3)	우리만의 색다른 결혼식을 만들고 싶다	예식 비용도 줄이고 싶어서 '스몰 웨딩'으로 했어요.
4)	한반도의 평화 문제는 여야 간의 정치적 쟁점이 되어서도 안 되다	더 이상 미루어서도 안 됩니다.
5)	명곡은 예나 지금이나 감동적이다	세대를 아우르는 힘도 있다고 봅니다.

연습 2 다음에서 알맞은 표현을 골라 대화를 완성하십시오.

입에도 잘 맞다　　엄두도 안 나다　　보안도 뛰어나다　　영양분도 풍부하다

1) 가: 역시 건강을 챙기는 데에는 제철 음식만 한 게 없는 것 같아요.
   나: 그럼요. 그 계절에 수확한 거니까 ________________ 재료 본연의 맛도 잘 살릴 수 있죠.

2) 가: 스마트폰에 이어서 자동차에도 지문 인식 시스템이 상용화된다면서요?
   나: 네. 차량용 시스템은 ________________ 개인별 맞춤 운전 환경을 제공하기 때문에 혁신적인 기술이라고 보시면 됩니다.

3) 가: 유학 온 지 아직 한 달밖에 안 됐는데 한국 음식 먹기 힘들지 않아요?
   나: 아뇨. 고향에 있을 때 자주 먹어서 ________________ 양도 푸짐해서 아주 좋아요.

4) 가: 이렇게 오랫동안 한길을 걷게 된 이유가 있나요?
   나: 글쎄요. 솔직히 다른 걸 할 ________________ 이 일이 천직이라고 생각하면서 살아왔기 때문인 것 같아요.

연습 3 〈보기〉와 같이 문장을 완성하십시오.

보기

한 나라의 지도자는	도덕적 신념은 물론이다	통합적 리더십도 갖추어야 하다

➔ 한 나라의 지도자는 도덕적 신념은 물론이거니와 통합적 리더십도 갖추어야 합니다.

1)

SNS를 통해 가짜 뉴스가 확대되면	진실이 묻혀 버릴 수 있다	

➔

2)

건축가가 건물을 설계할 때	실용성과 아름다움은 기본이다	

➔

3)

플라스틱 쓰레기는	바다 생물의 멸종 위기를 불러일으키는 주범이다	

➔

4)

저가 항공은		좌석도 좁아서 이용하기에 불편하다는 단점이 있다

➔

5)

인터넷 1인 방송은		소재에 제한이 없어서 누구나 도전해 볼 수 있다

➔

활동 다음 상황에 맞게 이야기해 봅시다.

살인죄 공소시효 폐지에 관한 의견 말하기

- 효과
  범인에게 강한 압박감을 줄 수 있다
  흉악 범죄 예방에도 도움을 준다

가: 살인죄 공소시효 폐지를 둘러싼 국민 여론이 뜨겁습니다.

나: 네. 포털 사이트나 SNS 등을 통해 다양한 반응이 나타나고 있습니다.

가: 교수님께서는 이 문제에 대해 어떻게 생각하십니까?

나: 공소시효가 폐지되는 것만으로도 범인에게 강한 압박감을 줄 수 있거니와 흉악 범죄 예방에도 도움이 될 거라고 예상합니다.

1 블라인드 채용에 관한 의견 말하기

의견

2 인공 지능 스피커의 기능에 대해 말하기

기능

5 동사 (으)ㄴ/는 와중에

5

여자 뉴스 보니까 남부 지방에는 비가 많이 왔다던데 여행은 어땠어?

남자 말도 마. 폭우가 쏟아지는 와중에 차까지 고장 나서 고생만 하다 왔어.

여자 정말 힘들었겠다. 제대로 구경도 못 했겠네.

남자 응. 비가 많이 와서 정신이 하나도 없었어. 우리가 가는 곳마다 비바람이 몰아쳤거든.

복잡하거나 정신없는 상황임을 나타낼 때 사용한다. 후행절에는 그런 상황에서 일어나는 일이나 예상하지 못한 일이 자주 제시된다.

- 가: 김 기자, 유명 배우 한 모 씨가 또다시 여론의 뭇매를 맞고 있다면서요?
  나: 네. SNS에 올린 사진 한 장 때문인데요. 탈세 혐의로 경찰 조사를 받는 와중에 초호화 생일 파티를 열어 국민들의 공분을 사고 있습니다.
- 가: 청년 복지 정책이 새롭게 시행되어 논란이 많은 와중에도 이렇게 인터뷰에 응해 주셔서 감사드립니다.
  나: 아닙니다. 오히려 이번 인터뷰를 통해 시민들이 정책에 대한 오해를 푸는 기회가 되기를 바랍니다.
- 가: 휴대폰 액정이 다 깨졌네요. 산 지 한 달도 안 됐잖아요.
  나: 아까 수업에 늦어서 정신없이 뛰어가는데 그 와중에 전화가 울리더라고요. 급하게 확인하려다가 그만 떨어뜨리고 말았어요.
- 영화 〈도피자〉는 주인공이 누명을 쓰고 쫓기는 와중에 진범을 찾아내는 과정을 박진감 있게 다루고 있다.
- 그는 계속되는 취업 실패로 힘든 시기를 보내던 와중에도 자신의 꿈을 생각하며 웃음을 잃지 않았다.

연습 1 〈보기〉와 같이 연결하여 말해 보십시오.

보기

물가가 전반적으로 상승하다	서비스 요금마저 올라 서민들의 부담이 커지고 있다.

➡ 물가가 전반적으로 상승하는 와중에 서비스 요금마저 올라 서민들의 부담이 커지고 있다.

1)	많은 중소기업들이 인력난에 시달리다	지원 정책마저 축소되면 경영에 타격을 받을 수밖에 없다.
2)	안 그래도 일손이 부족하다	예정에 없던 단체 손님까지 몰려와 정신이 하나도 없었어요.
3)	한 버스 기사가 교통사고로 크게 다치다	승객들을 구하기 위해 동분서주했다고 합니다.
4)	중요한 서류를 잃어버려 여기저기 찾아 헤매다	지갑은 또 어디에 흘렸는지 보이지가 않더라고요.

연습 2 다음에서 알맞은 표현을 골라 대화를 완성하십시오.

애를 태우다	충격을 받다	논란이 계속되다	손님맞이로 분주하다

1) 가: 최근 유해 물질 검출로 여론의 뭇매를 맞고 있는 가구 회사에서 신제품을 출시했다고 합니다.
   나: 아직도 ______________________ 신제품까지 내놓다니 정말 어이가 없네요.

2) 가: 건강 프로그램에 참여한 출연자가 방송 도중에 암에 걸린 사실을 알게 됐다면서요?
   나: 네. 출연자가 ______________________ 방송에 피해를 주지 않으려고 아무렇지 않은 척 촬영을 마무리했대요.

3) 가: 지난 여행에서 묵었던 게스트하우스는 어땠어요? 거기 주인분들이 친절하다는 후기가 많던데.
   나: 역시 그렇군요. ______________________ 불편한 건 없는지 계속 신경을 써 주더라고요.

4) 가: 아이들은 잠시만 한눈을 팔아도 금방 사고가 나는 것 같아요.
   나: 저도 얼마 전에 백화점에 갔다가 아이가 갑자기 사라져서 심장이 철렁했어요.
   ______________________ 옆 매장에서 놀고 있는 아이를 발견했다니까요.

연습 3 〈보기〉와 같이 문장을 완성하십시오.

보기

계속 밀려드는 업무로 정신없다	신입사원 교육까지 책임지려니 몸이 열 개라도 부족하다

➔ 계속 밀려드는 업무로 정신없는 와중에 신입사원 교육까지 책임지려니 몸이 열 개라도 부족하네요.

1) 짐 정리가 안 돼서 어수선하다

➔

2) 오랫동안 준비한 시험에서 떨어져 힘들다

➔

3) 선착순 할인 행사로 사람들이 몰려들다

➔

4) 지진으로 건물이 붕괴되다

➔

5) 비상벨이 울려 우왕좌왕하다

➔

메모

활동 다음 상황에 맞게 이야기해 봅시다.

바쁜데 다른 일을 하겠다는 친구에게 불만 표시하기

- 정신없는 상황
  자료 정리와 발표용 PPT 제작 등 할 일이 많음
- 친구의 다른 일정
  조 모임 날짜와 겹치는데 팬 미팅 행사에 가고 싶어 함

가: 미안한데 이번 주 토요일 모임을 금요일로 바꾸면 안 될까? 팬 미팅 날짜랑 겹쳐서.

나: 얼마 전에 콘서트에 다녀왔으면서 또 팬 미팅에 가겠다고?

가: 콘서트랑 팬 미팅은 다르잖아. 그리고 이번엔 데뷔 10주년을 기념해서 하는 거라 팬들을 위한 이벤트가 많을 거라고 하더라고.

나: 하지만 그날은 우리 팀 모두가 모일 수 있는 유일한 날이야. 자료 조사한 것도 정리해야 하고 PPT도 만들어야 해서 바쁜데 이 와중에 거기에 꼭 가야겠어?

1 바쁜 친구가 준비한 선물을 보며 고마움 표시하기

친구의 바쁜 상황

예상하지 못한 일

2 복잡한 문제를 해결하다가 생긴 일에 대해 불만 표시하기

복잡한 상황

어이없는 일

6 동사 (으)ㄹ 리 없다

6

아들 오늘 발표할 원고를 분명히 책상 위에 놔뒀는데 보이질 않아요. 엄마, 혹시 못 보셨어요?

엄마 글쎄, 못 봤는데. 그게 발이 달린 것도 아니고 스스로 사라질 리 없잖아. 다시 잘 찾아봐. 그런데 이건 뭐니?

아들 아! 그거 맞아요. 거실 테이블에 있었네요.

엄마 이제 이렇게 중요한 건 미리미리 잘 챙겨 둬라.

어떤 일이나 상황이 일어날 가능성이 없음을 확신하며 말할 때 사용한다. '없다' 대신 '있다'를 의문형으로 사용하여 같은 의미를 강조하여 나타내기도 한다.

- 가: 도현 씨가 투자를 잘못해서 큰 손실을 봤다고 하던데 정말이야?
  나: 그럴 리 없어. 도현 씨는 그런 큰돈도 없거니와 얼마나 신중한 사람인데.
- 가: 세계적인 온라인 쇼핑몰에서 개인 정보 유출 사건이 터졌는데도 회사 측에서 아무런 발표도 하지 않고 있는데요. 피해를 당한 소비자들이 지켜보고만 있을까요?
  나: 소비자들이 가만히 있을 리 있겠습니까? 아마 조만간 조직적으로 대응할 것입니다.
- 세상만사가 뜻대로 될 리 없겠지만 이번만큼은 제가 원하는 대로 되었으면 좋겠습니다.
- 부모의 혈액형이 모두 A형이라면 자식의 혈액형이 B형일 리 없다.
- 최 과장은 지난 수요일에 유럽으로 출장을 떠났기 때문에 그날 밤 회사 사무실에 있었을 리 없다.

연습 1 〈보기〉와 같이 바꾸어 말해 보십시오.

> **보기** 암벽 등반은 큰 위험이 뒤따라서 부모님이 절대 허락하지 않을 것이다.
> ➜ 암벽 등반은 큰 위험이 뒤따라서 부모님이 허락할 리 없다.

1) 그녀는 고소 공포증이 심해서 절대로 그렇게 높은 층에 살지 않을 거예요.

2) 평생을 정직하게 살아오신 그분의 말이 거짓일 가능성은 전혀 없어.

3) 그는 막내의 수술이 절대 잘못될 가능성이 없다면서 어머니를 안심시켜 드렸다.

4) 친구는 열심히 공부해서 시험에 결코 떨어지지 않을 텐데도 걱정을 많이 했다.

5) 제안서를 결코 집에 두고 오지 않았는데 가방을 아무리 뒤져 봐도 없네요.

연습 2 다음에서 알맞은 표현을 골라 대화를 완성하십시오.

꿈이 없다	제대로 하다	여유가 있다	무상으로 수리해 주다

1) 가: 이번 주 연구실 청소 당번은 민수지? 조교 선생님이 청소 상태를 확인할 거라고 했는데 민수가 깨끗이 잘하겠지?

나: 민수가 청소를 얼마나 하기 싫어하는데. ________________.

2) 가: 새 휴대폰 산 지 3일밖에 안 됐는데 잘못해서 액정이 깨졌어. 혹시 무료로 수리 받을 수 있을까?

나: 너 보험도 안 들었잖아. 산 지 며칠 안 됐어도 네 잘못으로 그렇게 된 경우라면 ________________.

3) 가: 요즘 학생들에게 물어 보면 꿈이 없다고 해서 안타까울 때가 많아요.

나: 학생들이 말을 안 해서 그렇지 정말 ________________? 아마도 어른들의 기대를 의식해서 솔직하게 이야기하지 못하는 것 같아요.

4) 가: 과일 가게 사장님은 딸 학비로 목돈을 써서 ________________ 기부금을 보내셨더라고요.

나: 그래요? 정말 마음이 따뜻하신 분이네요.

연습 3 〈보기〉와 같이 문장을 완성하십시오.

보기

아버지는 해마다 건강 검진을 잘 받아 오셔서	절대 큰 병에 걸리시지 않을 것이다

→ 아버지는 해마다 건강 검진을 잘 받아 오셔서 큰 병에 걸리실 리 없어요.

1) 건망증이 심한 오 대리가 |

→

2) 그는 배우 김은아 씨의 10년 지기 친구라서 |

→

3) 용의자는 혼자서 범행을 저질렀다고 자백했지만 |

→

4) 노사 간의 입장 차이가 워낙 크다 보니 |

→

5) 그녀 같은 완벽주의자가 |

→

메모

활동 다음 상황에 맞게 이야기해 봅시다.

자신의 예측을 확신하며 말하기

- 판단
  룸메이트는 아몬드 케이크를 먹지 않았을 것이다
- 근거
  룸메이트는 아몬드 알레르기가 있다

가: 내가 분명히 아몬드 케이크를 냉장고에 넣어 놨는데 왜 없지?

나: 네 룸메이트가 먹은 거 아닐까?

가: 아니야. 그 친구는 아몬드 알레르기가 있어서 먹었을 리 없어. 참 이상한 일이네.

나: 룸메이트 친구가 먹었을 수도 있잖아. 나중에 한번 물어 봐.

1 걱정하는 친구 격려하기

격려 ....

....

근거 ....

....

2 자기가 좋아하는 팀의 경기 결과 전망하기

전망 ....

....

근거 ....

....

7 동사 던 차에

7

기자 환경에 대한 관심이 높아지면서 전기차 시장이 커지고 있는데요. 전기차 구매 보조금을 늘린다는 소식에 시민들의 관심이 뜨겁습니다. 매장에 나온 시민 한 분을 만나 봤습니다.

시민 그렇지 않아도 전기차를 구매하려고 알아보던 차에 마침 보조금 확대 소식을 듣고 매장을 방문하게 되었습니다. 전기차를 타면 연료비도 아끼고 환경도 지킬 수 있을 것 같아서요.

어떤 행위나 상태가 진행 중이었음을 나타낼 때 사용한다. 후행절에는 때마침 어떤 일이 생겼다는 내용이 온다.

- 가: 이 대리, 팀원이 부족해서 업무 처리가 잘 안 된다며 걱정하더니 요즘은 좀 어때요?
  나: 한결 나아졌어요. 팀원들 모두가 고생하던 차에 마침 경력 있는 사원이 충원돼서 큰 도움이 되고 있거든요.
- 가: 이번 작품에서는 기존의 청순하고 연약한 이미지에서 벗어나 강인한 모습을 보여주셨는데요. 작품 선택에 큰 결심이 필요하셨을 것 같아요.
  나: 이미지 변신에 대한 고민이 많던 차에 때마침 끌리는 배역이 들어와서 망설임 없이 결정했어요.
- 성적이 오르지 않아 스트레스를 심하게 받던 차에 기분 전환이라도 할 겸 여행을 다녀오자는 친구의 제안에 귀가 솔깃했다.
- 이른 시간에 저녁을 먹어서 출출하던 차에 야식을 사 들고 찾아온 친구가 몹시 반가웠다.
- 주문한 상품이 일주일이 넘도록 도착하지 않아 취소하려던 차에 배송이 시작되었다는 문자를 받았다.

연습 1 〈보기〉와 같이 연결하여 말해 보십시오.

보기

통신사를 변경할까 생각하다	통신료를 3개월간 할인해 준다는 광고를 보고 얼른 바꿨어요.

➡ 통신사를 변경할까 생각하던 차에 통신료를 3개월간 할인해 준다는 광고를 보고 얼른 바꿨어요.

1) 특별한 일이 없어 집에서 빈둥거리다 / 친구에게서 농구나 하자는 전화가 걸려 왔다.

2) 매번 재료를 손질하는 게 너무 번거롭다 / 데우기만 하면 바로 먹을 수 있는 간편식이 눈에 띄었어요.

3) 행사 규모가 커서 도움의 손길이 필요하다 / 봉사 동아리에서 인력 지원을 해 주었다.

4) 헤어스타일에 변화를 주고 싶다 / 생일 선물로 미용실 무료 이용권을 받았어요.

5) 손님이 없어 가게 문을 일찍 닫으려고 하다 / 한 남자가 뛰어 들어와 죽 한 그릇을 포장해 달라고 했다.

연습 2 다음에서 알맞은 표현을 골라 대화를 완성하십시오.

방을 뒤지다	만사가 귀찮다	신경이 쓰이다	소식이 궁금하다

1) 가: 여보, 집 앞에 보쌈집이 새로 생겼던데 오늘 저녁은 보쌈 어때요?
   나: 안 그래도 피곤해서 ________________ 잘됐네요. 배달되는지 전화해 볼게요.

2) 가: 얼마 전에 베트남 지사로 파견 간 지수 씨가 SNS에 잘 지낸다는 글을 올렸더라고요.
   나: 그렇지 않아도 ________________ 적응을 잘하고 있다니 마음이 놓이네요.

3) 가: 끈적거려서 뭐 바르는 거 싫다더니 웬 핸드크림이에요?
   나: 겨울이 되니까 손이 터서 ________________ 끈적거리지도 않고 보습 효과도 뛰어나대서 한번 사 봤어요.

4) 가: 뉴스에서 봤는데 어떤 도둑이 유도부 숙소에 들어가 ________________ 때마침 방 주인이 들어왔대요.
   나: 임자를 제대로 만났네요. 그래서 어떻게 됐대요?

연습 3 〈보기〉와 같이 문장을 완성하십시오.

보기

말이 안 통해서 답답하다	한국어를 잘하는 선배가 지나가다가 내 모습을 보고 통역을 해 주다

→ 말이 안 통해서 답답하던 차에 한국어를 잘하는 선배가 지나가다가 제 모습을 보고 통역을 해 줬어요.

1) 엄마가 만들어 주시던 음식이 그립다 / ( )

→

2) 졸업을 앞두고 진로를 고민하다 / ( )

→

3) 마라톤에 도전해 보고 싶다 / ( )

→

4) ( ) / 마침 휴게소 표지판이 보이다

→

5) ( ) / 친구가 먼저 말을 꺼내다

→

메모

활동 다음 상황에 맞게 이야기해 봅시다.

어려움을 극복한 계기 설명하기

- 어려웠던 상황
  재활 치료 후 수영을 포기할까 생각하고 있었다
- 극복한 계기
  팬으로부터 나를 보며 꿈을 키우고 있다는 내용의 편지를 받았다

가: 작년에 어깨 부상으로 재활 치료를 받으셨다면서요?

나: 네. 치료 후에도 예전만큼 기록이 나오지 않아서 한동안 마음고생이 심했죠.

가: 그런데 어떻게 재기에 성공하게 되셨나요?

나: 수영을 포기할까 생각하던 차에 한 팬으로부터 저를 보며 꿈을 키우고 있다는 내용의 편지를 받았습니다. 그 일이 저에게 큰 힘이 되어서 이를 악물고 훈련에 매진할 수 있었습니다.

1 취미 생활을 시작한 계기 설명하기

취미가 필요한 상황 ....

시작한 계기 ....

2 중고품을 구입하게 된 상황 설명하기

물품이 필요한 상황 ....

구입한 계기 ....

8 동사 (는/ㄴ)다는

8

물리학자　여러분, 뉴턴을 알고 계시죠? 모든 물체들 사이에 끌어당기는 힘이 작용한다는 사실을 발견한 사람입니다.

청중　네. 떨어지는 사과를 보고 그 사실을 깨달았다고 들었어요.

물리학자　그렇습니다. 뉴턴은 '사과는 떨어지는데 달은 왜 떨어지지 않는가' 하는 의문을 가졌습니다. 그리고 오랫동안 그 해답을 찾기 위해 노력한 결과 만유인력의 법칙을 정리하게 되었습니다.

일부 명사 앞에 쓰여 그것의 구체적인 내용을 제시할 때 사용한다. 주로 이야기나 생각, 사실 등의 의미를 갖는 명사와 쓰인다.

- 가: 교수님, 노동 시간을 단축해야 한다는 이야기는 언제부터 있었나요?
  나: 이미 백여 년 전에 시작됐습니다. 버트런드 러셀은 하루에 네 시간만 일해야 한다는 주장을 하기도 했지요.
- 가: 지아 씨, 제가 아는 회사에서 한국어를 잘하는 프랑스인을 한 명 추천해 달라는 부탁을 받았어요. 혹시 친구 중에 적당한 사람이 있을까요?
  나: 네, 있어요. 어떤 일인지 자세히 알려 주시면 제가 그 친구에게 한번 말해 볼게요.
- 가: 작가님, 벌써 열 번째 책을 내셨는데요. 독자들에게 무슨 질문을 가장 많이 받으시나요?
  나: 아무래도 어떻게 하면 글을 잘 쓸 수 있냐는 질문을 가장 많이 받게 되죠.
- 어렸을 때에는 생일이나 크리스마스가 되면 선물을 받는다는 생각에 마음이 들뜨곤 했어요.
- 대통령 후보 세 명 모두가 정책 토론회를 생방송으로 진행하자는 제안을 받아들였습니다.

연습 1 〈보기〉와 같이 연결하여 말해 보십시오.

보기		
옛말에	곳간에서 인심 나다	말도 있듯 자기 배가 불러야 주위를 돌아보는 여유도 생기는 법이지요.

➔ 옛말에 곳간에서 인심 난다는 말도 있듯 자기 배가 불러야 주위를 돌아보는 여유도 생기는 법이지요.

1)	제가	호텔 경영에 대해 체계적으로 배우고 싶다	고민을 하던 중 귀 대학의 호텔학과를 알고 지원하게 되었습니다.
2)	얼마 전에	아파트 단지 안에서도 교통사고가 빈번하게 일어나다	조사 결과가 나왔습니다.
3)	어떤 나라에서는	기업 내부의 임금 격차가 열두 배를 넘지 못하도록 하다	제안을 국민 투표에 부친 일도 있었다.
4)	암스트롱*은	우주로 나갔다가 살아 돌아올 확률이 얼마나 되다	아내의 물음에 선뜻 답을 하지 못했다.

* 닐 암스트롱(1930~2012): 미국의 우주 비행사

연습 2 다음에서 알맞은 표현을 골라 대화를 완성하십시오.

크게 기여하다　　처벌해서는 안 되다　　일정을 여유롭게 짜다　　일부 계층만 이용하는 시설이다

1) 가: 뇌사 상태에 빠진 아들의 인공호흡기를 뗀 아버지가 있었잖아요. 그 일에 대한 사람들의 반응도 발표 자료에 넣을까요?

나: 당시 기사를 찾아보니 아버지를 ______________________ 의견이 압도적으로 많았네요.

2) 가: 강변에 짓고 있는 오페라하우스가 ______________________________ 지적에 대해서 어떻게 생각하십니까?

나: 그런 비판이 있다는 것을 저희도 잘 알고 있습니다. 그래서 오페라 외에도 모든 시민이 즐길 수 있는 다양한 공연을 무대에 올릴 예정입니다.

3) 가: 오늘 프로야구 엔브이 팀 박 감독의 은퇴식이 열렸지요?

나: 네, 그렇습니다. 박 감독은 지난 7년간 성공적인 세대교체를 이루어 내고 무명 선수를 발굴하는 등 팀을 성장시키는 데 ______________________ 평가를 받고 있습니다.

4) 가: 여행 전문가로서 초보 배낭여행자들에게 어떤 조언을 해 주고 싶으세요?

나: 무엇보다도 _________________________ 당부를 하고 싶습니다. 시간에 쫓기면 여행을 즐기기가 어렵거든요.

연습 3 〈보기〉와 같이 문장을 완성하십시오.

보기	세계적으로 이런 목소리가 점차 높아지고 있다	모피 산업을 중단해야 하다

➔ 세계적으로 모피 산업을 중단해야 한다는 목소리가 점차 높아지고 있습니다.

1) 이런 메시지를 받으니 기분이 좋아지다 / ______

➔

2) 이런 사실을 처음에는 모르다 / ______

➔

3) 본사에서 이런 지시가 내려오다 / ______

➔

4) 이런 질문에 사람들이 서로 답을 미루다 / ______

➔

5) 반 친구들에게 이런 뜻에서 작은 선물을 준비하다 / ______

➔

메모

활동 다음 상황에 맞게 이야기해 봅시다.

○ 흥미로운 연구 결과 소개하기

• 출처

인터넷 뉴스

• 연구 결과

용서하는 마음을 갖는 것이 건강에 유익하다

가: 이것 좀 보세요. 용서하는 마음을 갖는 것이 건강에 유익하다는 연구 결과가 있어요.

나: 아무래도 그렇겠죠. 화 같은 부정적인 감정을 오래 가지고 있으면 건강에 안 좋을 것 같아요.

가: 맞아요. 연구에 따르면, 부정적인 감정을 마음에 오래 담아 두는 사람들이 암이나 심장 질환에 걸릴 확률이 더 높다고 하네요.

나: 정말 건강하게 살기 위해서라도 용서하며 살아야겠어요.

1 명언 소개하기

말한 사람

명언

2 화제의 인물에게 던지고 싶은 질문 이야기하기

화제의 인물

던지고 싶은 질문

9 명사 은/는 고사하고

9

진행자 일상에 숨어 있는 물리학을 소재로 한 책이 나왔는데요. 저자 김상훈 교수님을 스튜디오에 직접 모셨습니다. 안녕하세요, 교수님?

교수 안녕하세요. 반갑습니다.

진행자 내용 중에 특히 놀이기구에 관한 이야기가 재미있었어요. 교수님께서도 롤러코스터 같은 놀이기구를 좋아하십니까?

교수 아니요. 저는 롤러코스터는 고사하고 하늘자전거도 못 타는 사람이에요. 다만 거기에 적용된 물리학의 원리에 관심이 있을 뿐입니다.

어떤 대상이나 상황을 배제하며 말할 때 사용한다. 후행절에는 그보다 더 쉽거나 간단한 것도 어렵다거나 그것이라도 바란다는 내용이 온다.

- 가: 봉사 활동을 하는 일주일 동안 샤워를 못 해 고생하셨다고 들었는데요.
  나: 네. 물이 부족한 지역이라 샤워는 고사하고 세수도 제대로 할 수 없어서 힘들었습니다.
- 가: 한국 생활은 어때? 가끔 팬 미팅이나 콘서트도 가고 그래?
  나: 아니. 맨날 바쁜 일이 생기더라고. 콘서트에 가는 건 고사하고 음악 방송이라도 제시간에 봤으면 좋겠다.
- 이번 전국 대회에서 우승은 고사하고 예선이라도 통과했으면 하는 바람입니다.
- 그 장수 마을에서는 환갑은 고사하고 칠순이 넘어도 노인으로 쳐 주지 않는 분위기이다.
- 프로젝트 마감이 낼모레여서 친구들과 수다를 떠는 건 고사하고 잠깐 얼굴 볼 시간도 없어요.

연습 1 〈보기〉와 같이 같이 바꾸어 말해 보십시오.

보기	해외여행은 말할 필요도 없다	제주도에도 가 본 적이 없습니다.

➜ 해외여행은 고사하고 제주도에도 가 본 적이 없습니다.

1)	일 년 후는 짐작도 할 수 없다	당장 내일도 무슨 일이 생길지 알 수 없다.
2)	학점 계산을 잘못하는 바람에 조기 졸업은 생각도 못 하다	학교를 한 학기 더 다닐 뻔했어요.
3)	피곤해서 집 밖으로 나가는 것은 생각할 수도 없다	소파에서 몸을 일으키기도 싫었다.
4)	이 지역은 황량한 사막이라 나무는 아예 자랄 수가 없다	풀조차 제대로 자라지 않는 곳이었습니다.
5)	우리 사회에는 에어컨을 마음껏 틀 수 없다	선풍기도 마음 편히 사용하지 못하는 사람들이 있습니다.

연습 2 다음에서 알맞은 표현을 골라 대화를 완성하십시오.

눈 구경	제철 과일	나와서 반겨 주다	판매 실적이 호전되다

1) 가: 제철에 나는 과일을 잘 챙겨 먹으면 건강에 도움이 된대.
   나: 알고는 있지만 혼자 자취하다 보니 ________________ 식사를 제때 하는 것도 힘들어.

2) 가: 덕유산은 잘 갔다 왔어? 거기 설경이 아름답다던데 사진 찍은 것 있으면 같이 보자.
   나: 말도 마. 차 안에서 김밥 먹은 게 탈이 나서 ________________ 산에 올라가지도 못했어.

3) 가: 경기가 좋아졌다는데 영업부는 실적이 어때요? 좀 나아졌어요?
   나: ________________ 지난 분기보다 오히려 떨어져서 다들 살얼음판을 걷는 분위기예요.

4) 가: 집에 가면 강아지가 반갑게 맞아 줘서 퇴근 시간이 기다려져요.
   나: 강아지도 사람처럼 제각기 성격이 다른가 보네요. 우리 집 강아지는 ________________ ________ 제가 이름을 불러도 쳐다보지도 않는데요.

연습 3 〈보기〉와 같이 문장을 완성하십시오.

보기	운전이 서툴러서	자동차 여행은 생각도 못하다	집 앞 도로에도 나갈 엄두가 안 나다

➡ 운전이 서툴러서 자동차 여행은 고사하고 집 앞 도로에도 나갈 엄두가 안 나요.

1)	지금 정도의 한국어 실력으로 대학원에 진학하면		수업 시간에 발표하기도 쉽지 않을 것이다

➡

2)	우연히 첫사랑을 본 순간 당황한 나머지		바로 뒤돌아서 그 자리를 피해 버리다

➡

3)	그는 집안 형편이 어려워		

➡

4)	바다 가까운 곳으로 숙소를 잡았는데		

➡

5)	집에서 학교까지 너무 멀다 보니		

➡

활동 다음 상황에 맞게 이야기해 봅시다.

팬 미팅과 관련하여 희망 사항 이야기하기

- 이상적인 것
  앞자리에서 보는 것
- 최소한으로 바라는 것
  표를 구해서 공연장에 들어가는 것

가: 이번 팬 미팅 때는 박민우 얼굴을 가까이에서 봤으면 좋겠다.

나: 너 지난번에 맨 뒷자리에 앉았다고 했지?

가: 응. 얼굴이 작게 보여서 계속 스크린과 무대를 번갈아 봐야 해서 좀 아쉽더라고.

나: 나는 지난번에 예매도 못 했잖아. 이번에 앞자리는 고사하고 공연장에 들어가기라도 하면 더 바랄 게 없어.

1 새해 결심을 잘 실천하고 있는지 묻고 답하기

새해 결심

쉬운데도 하지 못한 일

2 여행 다녀와서 불만 사항 말하기

바랐던 것

안 되어 있던 것이나 못 한 것

10 동작동사 (으)랴 동작동사 (으)랴

10

준서　소피아, 경영학 수업은 들을 만해?

소피아　한국에 오기 전부터 관심 있던 분야라 재미있기는 한데, 용어가 낯설어서 교수님 강의 들으랴 단어 검색하랴 정신이 없어.

준서　단어 찾느라 중요한 설명을 놓치면 안 될 텐데. 용어는 미리 공부하고 가는 게 좋을 것 같아.

소피아　그래야겠어. 모르는 게 있으면 너한테 물어봐도 되지?

여러 가지 일을 하느라 바쁘거나 정신없는 모습을 나타낼 때 사용한다.

- 가: 요즘 인턴으로 일한다더니 어때? 일은 할 만해?
  나: 바쁘지 뭐. 업무에 적응하랴 선배들 심부름하랴 하루가 어떻게 가는지 모르겠어.
- 가: 요즘 지영 씨가 개설한 미용 채널 잘 보고 있어요. 음악도 중간중간 나오던데 그런 편집까지 직접 해서 올리는 거예요? 대단하네요!
  나: 처음에는 촬영하랴 편집하랴 정신이 하나도 없었는데 이제는 익숙해졌어요.
- 혼자서 유학을 준비하다 보면 공부할 곳 알아보랴 서류 준비하랴 신경 쓸 일이 한두 가지가 아니다.
- 선거철이 되면 유권자 만나랴 정책 마련하랴 동분서주하는 정치인들의 모습을 볼 수 있다.
- 한국 영화를 볼 때마다 인물 보랴 자막 보랴 영화에 통 집중할 수가 없어서 영화를 자막 없이 보겠다는 목표를 가지고 한국어 공부를 시작했습니다.

연습 1 〈보기〉와 같이 연결하여 말해 보십시오.

보기	요즘 학생들은	공부하다 | 취업을 준비하다	바쁜 나날을 보내고 있다.

➜ 요즘 학생들은 공부하랴 취업 준비하랴 바쁜 나날을 보내고 있다.

1)	도자기 체험이 처음이다 보니	선생님의 시범을 보다	도자기를 빚다	사진 찍을 여유도 없어요.
2)	열차가 목적지에 다다르자 사람들은	짐을 챙기다	아이들에게 옷을 입히다	몹시 분주했다.
3)	축제 무대 뒤편에서는 참가자들이	의상을 점검하다	연습하다	바삐 움직였다.
4)	여행 일정이 빡빡해서	가이드를 따라다니다	구경하다	정신없던 기억이 납니다.
5)	이사가 얼마 남지 않아서	짐을 정리하다	필요한 물건을 주문하다	눈코 뜰 새 없이 바빠요.

연습 2 다음에서 알맞은 표현을 골라 대화를 완성하십시오.

받다 / 만들다	치우다 / 쌓다	모시다 / 돌보다	연기하다 / 노래하다

1) 가: 벌써 카페 개업한 지 한 달 정도 됐지? 해 보니 어때?
   나: 초반 며칠은 주문 __________ 음료 __________ 정신이 하나도 없었는데 이제는 할 만해.

2) 가: 오늘 제 공연 어땠어요? 1인극은 처음이라 걱정이 컸거든요.
   나: 혼자 __________ __________ 힘들었을 텐데 정말 잘하던데요.

3) 가: '샌드위치 세대'는 부모님 __________ 자식들 __________ 부양 부담을 이중으로 안고 있는 세대를 의미한대요.
   나: 아, 그 말이 그런 뜻이었군요.

4) 가: 수해 지역에 나가 있는 취재팀 연결하겠습니다. 김 기자, 현장 분위기는 어떤가요?
   나: 네, 태풍이 휩쓸고 간 이곳은 온통 흙투성이입니다. 주민들은 쓸려 온 토사 __________ 무너진 제방 __________ 복구에 여념이 없습니다.

연습 3 〈보기〉와 같이 문장을 완성하십시오.

보기

한국에 온 지 얼마 안 되었을 때는	새로운 환경에 적응하랴 한국어 공부하랴 정신이 하나도 없다

➔ 한국에 온 지 얼마 안 되었을 때는 새로운 환경에 적응하랴 한국어 공부하랴 정신이 하나도 없었다.

1) 식당 직원들은 사람들이 몰려오는 시간이 되면 | ______

➔

2) 그는 뒤늦게 대학 공부를 시작해서 | ______

➔

3) 나는 요리에 서툴러서 | ______

➔

4) 택배 기사 박정민 씨는 | ______

➔

5) 지은 씨와 준호 씨는 결혼을 앞두고 | ______

➔

메모

활동 다음 상황에 맞게 이야기해 봅시다.

영화 개봉을 앞둔 주연 배우와 인터뷰하기

- 배우가 요즘 하는 일 1
  무대 인사를 다니다
- 배우가 요즘 하는 일 2
  방송 프로그램에 출연하다

가: 처음 주연을 맡으셨는데 소감 한 말씀 부탁드리겠습니다.

나: 너무 떨리네요. 강한 이미지의 배역이 처음이라 팬들께서 어떻게 봐 주실지 모르겠어요.

가: 곧 개봉을 앞두고 있는데요. 요즘 어떻게 지내고 계세요?

나: 무대 인사 다니랴 방송 프로그램 출연하랴 눈코 뜰 새 없이 바쁘게 지내고 있어요. 그래도 기쁜 마음으로 최선을 다하고 있습니다.

1 얼마 전 출산한 친구와 대화하기

친구가 하는 일 1 ______________________

친구가 하는 일 2 ______________________

2 지난달 취직한 친구와 대화하기

친구가 하는 일 1 ______________________

친구가 하는 일 2 ______________________

11 동사 (으)ㄴ 나머지

11

진행자 이번에는 연예계의 사건 사고를 알려 드리는 시간입니다. 지난주에 검색어 1위까지 오른 사건이 있었죠?

리포터 네. 지난주에 그룹 와이티에스의 컴백 무대가 있었는데요. 재민 씨가 무대에서 쓰러지는 안타까운 일이 일어났습니다. 재민 씨는 그동안 무리한 스케줄로 건강이 악화된 나머지 갑자기 쓰러진 것이라고 하는데요. 자세한 내용은 관계자의 인터뷰를 들어 보시죠.

어떤 행위나 상태의 정도가 지나침을 나타낼 때 사용한다. 후행절에는 보통 그것으로 인해 생긴 의도하지 않은 결과가 온다.

- 가: 안색이 안 좋아 보이는데 어디 아파요?
  나: 행사 준비를 하다가 잠깐 짬을 내서 점심을 해결했는데 급하게 먹은 나머지 좀 체한 것 같아요.
- 가: 어제 조별 발표를 한다더니 잘했어?
  나: 정말 열심히 준비했는데 긴장한 나머지 준비한 말을 다 못 해서 너무 아쉬웠어.
- 어머니는 아들의 사고 소식을 듣고 충격을 받은 나머지 정신을 잃고 말았습니다.
- 문을 너무 세게 당긴 나머지 문고리가 뽑혔다.
- 그는 월드컵 우승 소식에 기쁜 나머지 자기도 모르게 옆 사람을 끌어안았다.

연습 1 〈보기〉와 같이 연결하여 말해 보십시오.

보기	친구의 실수담을 듣고 너무 많이 웃다	눈물까지 났다.

➤ 친구의 실수담을 듣고 너무 많이 웃은 나머지 눈물까지 났다.

1)	갑자기 바닥과 책장이 흔들려서 겁을 먹다	신발도 신지 못하고 뛰쳐나왔어요.
2)	그 아이돌 그룹은 멤버 간의 불화가 심해지다	결국 해체되고 말았다.
3)	동생이 소개팅에서 부끄러움을 타다	상대방 눈도 똑바로 쳐다보지 못했다고 하더라고.
4)	룸메이트가 소리에 민감하다	작은 기척에도 잠을 이루지 못했다.
5)	은정이는 유학 기회를 놓친 후 속이 상하다	밥도 잘 먹지 않고 방 안에만 틀어박혀 있다.

연습 2 다음에서 알맞은 표현을 골라 대화를 완성하십시오.

놀라다	실망하다	기가 막히다	신경을 쓰다

1) 가: 이사를 해야 하는데 집을 못 구해서 마음고생을 많이 하셨다면서요?
   나: 네. 그 문제로 너무 ________________ 편두통이 더 심해졌어요.

2) 가: 어제 학교에 가는데 골목에서 갑자기 오토바이가 튀어나오는 거야. 너무 ________________ 비명 소리가 저절로 나더라고.
   나: 정말 큰일 날 뻔했네. 그래도 아무 일 없어서 천만다행이다.

3) 가: 김 대리가 이번 프로젝트 성공에 큰 역할을 했다면서요?
   나: 네. 그런데 이번 승진 대상에서 제외돼서 ________________ 회사를 그만둘 생각까지 하더라고요.

4) 가: 너를 모함한 사람한테 사과 받았어?
   나: 사과는커녕 자기는 그런 적이 없다고 발뺌만 하더라고. ________________ 아무 말도 못 했어.

연습 3 〈보기〉와 같이 문장을 완성하십시오.

보기 병간호로 며칠 밤을 새우다 / 정신이 몽롱해지고 팔다리에 힘이 하나도 없다

➔ 병간호로 며칠 밤을 새운 나머지 정신이 몽롱해지고 팔다리에 힘이 하나도 없었다.

1) 게임에 열중하다 / ______

➔

2) 소설의 결말이 너무 슬프다 / ______

➔

3) 그는 자신의 능력을 과대평가하다 / ______

➔

4) ______ / 가로수의 나뭇가지들이 부러지다

➔

5) ______ / 소비자들의 지갑이 좀처럼 열리지 않다

➔

메모

활동 다음 상황에 맞게 이야기해 봅시다.

치료 경험 이야기하기

- 상황
  치과 치료가 너무 아픔
- 예상하지 못한 나의 행동
  눈물이 남

가: 충치가 생겨서 아프다더니 병원에 가 봤어?

나: 응. 통증이 심해져서 며칠 전에 병원에 갔는데 치료 받을 때 너무 아픈 나머지 눈물이 다 나더라고.

가: 그러니까 앞으로는 치아 관리에 신경 좀 써.

나: 정말 그래야겠어. 충치 치료가 이렇게 아플 줄 몰랐어.

1 짝사랑을 한 경험 이야기하기

상황

예상하지 못한 나의 행동

2 생태계 파괴에 대해 이야기하기

상황

예상하지 못한 결과

12 동사 (는/ㄴ)다(고) 치다

12

한나　숙소를 예약해야 하는데 방을 몇 개 잡을까? 알아보니까 방 하나에 다섯 명까지 들어갈 수 있대.

루카스　간다고 한 사람이 열한 명인데 그럼 방 세 개를 잡아야 하나?

한나　한 명 때문에 방 하나를 더 예약할 필요가 있을까? 일단 열 명이 간다고 치고 방은 두 개만 잡자.

루카스　그래, 좋은 생각이야. 인원이 초과되면 추가 요금을 내는 걸로 하자.

어떠한 상태나 행위를 사실인 것처럼 가정할 때 사용한다.

- 가: 남들은 휴가 가는 계절에 도서관에 앉아 공부를 해야 한다니.
  나: 도서관이 바깥보다 훨씬 시원한데 휴가 왔다고 치고 즐겁게 공부하는 게 어때?
- 가: 인류 생존이 불가능할 정도로 환경이 오염된 상황을 열두 시라고 치면 현재는 아홉 시 사십 분이 거의 다 된 시간이래요.
  나: 그렇게 설명하니까 위기감이 확 느껴지네요. 이제부터라도 환경 문제에 관심을 가져야겠어요.
- 가: 아직 한국어 실력이 부족한데 이번 학기에 대학 입학 서류를 내도 될까?
  나: 글쎄. 합격은 한다 쳐도 한국어 강의를 이해하고 수업에 참여하는 건 어려울걸.
- 가: 시급이 오르면 생활이 더 나아질 것으로 보입니다.
  나: 시급이 오른다고 칩시다. 하지만 물가 상승률을 고려한다면 시급이 조금 오른다고 해서 생활이 나아진다고 보기는 어려울 것입니다.

연습 1 〈보기〉와 같이 연결하여 말해 보십시오.

보기	많은 사람들 앞에서 이야기하다	발표 연습을 해 봅시다.

많은 사람들 앞에서 이야기한다고 치고 발표 연습을 해 봅시다.

1)	콘서트가 아홉 시에 끝나다	돌아오는 버스는 열 시 표로 예매하자.
2)	매일 단어를 스무 개씩 외우다	한 달에 600개의 단어를 외울 수 있다.
3)	하루 두 끼를 사 먹다	5일 동안 한국을 여행할 때 식비는 얼마나 들까요?
4)	나는 네 잘못을 눈감아 주다	과장님은 안 봐주실걸.
5)	배고픔을 없애는 약이 개발되다	음식을 먹는 즐거움까지 충족하지는 못할 것이다.

연습 2 다음에서 알맞은 표현을 골라 대화를 완성하십시오.

괜찮다	당선되다	깜빡할 수 있다	여유가 생기다

1) 가: 이 정도 물 내려가는 소리는 아랫집에서도 이해할 거예요.
   나: 낮에는 ______________ 밤에는 시끄럽게 들리지 않을까요?

2) 가: 교수님께 3일만 시간을 더 달라고 하고 보고서를 보완해서 제출하는 게 어때?
   나: ______________ 더 나은 보고서를 쓸 자신이 없는걸.

3) 가: 응모한 작품이 ______________ 상금을 받으면 뭘 할지 생각해 보자.
   나: 난 상금을 타면 새로운 작품도 구상할 겸 해외로 여행을 가고 싶어.

4) 가: 미안해. 오늘 만나기로 한 약속을 까맣게 잊고 있었네.
   나: 한두 번은 ______________. 그런데 어떻게 매번 이럴 수가 있어?

연습 3 〈보기〉와 같이 문장을 완성하십시오.

보기 | 이번에는 좋은 경험을 했다 | 철저히 준비해서 다음 대회를 잘 치르다

➔ 이번에는 좋은 경험을 했다고 치고 철저히 준비해서 다음 대회를 잘 치릅시다.

1) 우리가 좀 손해 보다 |

➔

2) 기초부터 다시 공부하다 |

➔

3) 매달 20만 원씩 모으다 |

➔

4) 한 번은 실수할 수 있다 |

➔

5) 그 사람이 사건 현장에 있었다 |

➔

한 가지 더

이 문법을 사용하면 상대방의 말이나 생각에 대해 일단 인정한 후, 그러고도 남는 문제점을 이야기할 수 있습니다. 따라서 반박하기, 항의하기, 건의하기 등 자신의 이야기에 대한 근거가 필요한 상황에서 사용하면 효과적입니다.

활동 다음 상황에 맞게 이야기해 봅시다.

친구 의견에 반박하기

- 친구 생각
  며칠째 같은 자리에 있는 우산은 버려진 물건인 듯하니 가져가도 됨
- 내 생각
  자기 물건이 아닌 것에는 손대지 않는 것이 좋음

가: 갑자기 비가 오네. 우산도 안 가져왔는데.

나: 그러고 보니 저 우산은 며칠째 저기 있네. 버려진 물건인 것 같은데 가져가도 되지 않을까?

가: 버린 거라고 쳐도 우리 물건이 아니니까 손대지 말자.

나: 그래. 그럼 비 그칠 때까지 조금만 더 있다가 나가자.

1 연락 없이 약속에 늦은 친구 질책하기

친구의 변명

내 생각

2 비행기에서 불편을 주는 사람에게 불쾌감 표시하기

그 사람의 행동

지켜 주었으면 하는 것

13 동사 (으)ㄴ/는 이상

13

변호사 안녕하세요? 시민을 위한 무료 법률사무소입니다. 무슨 일로 상담을 받고 싶으신가요?

상담자 제가 지난주에 원룸을 계약했는데 더 좋은 집을 구하게 됐어요. 그래서 집주인에게 계약을 해지하고 싶다고 말했더니 계약금을 돌려줄 수 없다고 하더라고요.

변호사 일단 계약서를 작성한 이상 계약 해지에 따른 위약금은 본인이 부담하셔야 합니다. 상담자 분의 개인 사정에 의한 것이기 때문에 집주인과의 협의는 어렵겠네요.

선행절의 내용이 이미 정해졌으므로 당연히 어떻게 해야 한다거나 할 것임을 나타낼 때 사용한다.

- 가: 다음 달부터 셰어하우스에 들어가 살기로 했는데, 혼자 살 때와는 좀 다르겠죠?
  나: 아무래도 여러 사람이 같이 지내는 이상 이것저것 조심하고 신경 써야 할 게 많겠지.
- 일단 그 일을 하겠다고 마음먹은 이상 죽이 되든 밥이 되든 끝까지 해 볼 생각입니다.
- 우리 모두는 한 나라의 국민인 이상 국가로부터 보호받을 권리가 있다.

선행절의 내용이 전제가 되는 동안 어떠한 상황임을 나타낼 때 사용한다.

- 가: 이번에 정부가 내놓은 내년도 예산안이 국회에서 통과될까요?
  나: 야당이 반대하는 이상 그대로 통과되기는 어렵겠죠. 하지만 무조건적인 반대로 발목을 잡아서는 안 된다고 생각해요.
- 친구가 먼저 자기 고민을 털어놓지 않는 이상 내가 참견할 수는 없지.
- 저는 쓰러질 정도로 아프지 않은 이상 가게 문을 닫은 적이 없어요.

연습 1 〈보기〉와 같이 연결하여 말해 보십시오.

보기	친구 생일이 언제인지 알고 있다	그냥 모른 척 지나갈 수는 없죠.

➔ 친구 생일이 언제인지 알고 있는 이상 그냥 모른 척 지나갈 수는 없죠.

1)	스스로 문제를 해결하려고 노력하지 않다	나도 널 도와줄 생각이 없어.
2)	사회에 첫발을 내디디다	부모에게 의지하기보다는 경제적으로 독립해야 한다.
3)	자신이 하겠다고 입 밖으로 내뱉다	그 말에 책임지는 모습을 보여야지.
4)	한번 칼을 뽑다	무라도 잘라야 한다는 말을 들어 본 적 있어요?
5)	소비자의 과실이 아니다	전자제품은 일정 기간 무상으로 수리를 받을 수 있어요.

연습 2 다음에서 알맞은 표현을 골라 대화를 완성하십시오.

기한을 넘기다	바보가 아니다	큰 이변이 없다	유명인의 가족이다

1) 가: 우리 학교가 이번 대통령기 대학 야구 대회에서 우승할 수 있을까요?
   나: 그동안의 승률로 본다면 ______________ 충분히 가능할 것 같은데요.

2) 가: 비자 때문에 잠깐 고향 갔다 왔더니 관리비 내는 날짜가 지났더라고.
   나: 납부 ______________ 연체료를 낼 수밖에 없겠네요.

3) 가: 요즘은 연예인 당사자뿐만 아니라 그 가족도 사생활 침해를 당하는 경우가 많은 것 같아.
   나: 맞아. ______________ 어쩔 수 없이 관심의 대상이 되는 측면이 많지.

4) 가: 김 대리하고 정 대리가 서로 좋아하는 거 알고 있었어? 같은 직장에 다니니까 두 사람 모두 안 들키려고 조심했던 것 같은데….
   나: 그럼요. 제가 ______________ 모를 수가 없죠. 얼마나 티가 났는데요.

연습 3 〈보기〉와 같이 문장을 완성하십시오.

보기

외국에서 살기로 결심하다	그곳 생활에 빨리 적응해야 하다

→ 외국에서 살기로 결심한 이상 그곳 생활에 빨리 적응해야 한다.

1) | 우리가 세상에 둘도 없는 친구이다 | |
|---|---|

→

2) | 이 작품에 대한 표절 논란이 가라앉지 않다 | |
|---|---|

→

3) | 우리가 요구한 조건이 충족되지 않다 | |
|---|---|

→

4) | | 교환은 가능해도 환불은 원칙적으로 불가능하다 |
|---|---|

→

5) | | 힘든 순간이 있더라도 초심을 잃어서는 안 되다 |
|---|---|

→

메모

활동 다음 상황에 맞게 이야기해 봅시다.

- 기사 제목
  '20년째 복역 중인 사형수, 무죄로 밝혀져'
- 상황
  무죄로 밝혀졌다
- 내 의견
  국가가 배상해야 한다

가: 이 기사 좀 봐. 20년째 복역 중인 사형수가 무죄로 밝혀졌대.

나: 그래? 이 사람 죄도 없이 감옥에서 20년을 살았으니 정말 억울하겠다.

가: 난 무죄로 밝혀진 이상 국가가 배상해야 한다고 생각해.

나: 맞아. 그리고 재수사를 해서 진범도 빨리 잡아야겠지.

1 '만 18세 선거권 부여, 과반수 이상 찬성해'

여론 조사 결과 ....

....

내 의견 ....

....

2 '본인 이름에 불만 가진 사람 많아'

설문 조사 결과 ....

....

내 의견 ....

....

14 동사 아/어 봤자

14

장민　어제 환경오염에 대한 다큐멘터리를 봤는데 수질오염 문제가 정말 심각한 것 같더라. 이젠 물도 마음 놓고 못 마시겠어.

나츠미　나도 그 프로그램 봤어. 그래서 오늘부터 세제 사용을 줄여 보려고 해.

장민　그런데 수질오염의 주원인은 공장 같은 곳에서 배출하는 산업 폐수라잖아? 우리가 세제 조금 덜 써 봤자 무슨 소용이 있겠어?

나츠미　작은 실천들이 모여 큰 기적을 만들 수도 있어. 나부터 시작해야지.

어떤 행위나 상태를 가정해도 소용이 없거나 별것 아님을 나타낼 때 사용한다.
'동사 아/어 봐야'의 형태로도 쓴다.

- 가: 이번 방학에는 반드시 외국어 공부도 하고 자격증 시험 준비도 하면서 알차게 보낼 거야.
  나: 둘 다 할 수 있겠어? 계획을 세워 봤자 지키지 못하면 아무 소용없어.
- 가: 이사 전에 입주 청소를 해야 하는데 청소 도우미를 부를지 말지 고민이에요.
  나: 그냥 맡기세요. 청소 비용이 비싸 봤자 얼마나 비싸겠어요?
- 가: 이번 콘서트 표는 오후 두 시부터 인터넷으로 예매할 수 있대. 수업 끝나자마자 컴퓨터 앞에 앉아서 기다릴 거야.
  나: 그렇게 해 봐야 잘 안 될 게 뻔해. 나도 전에 예매 시작하자마자 접속했는데 대기자가 몇만 명이더라.
- 가: 커피를 세 잔이나 마셨는데 왜 이렇게 졸음이 쏟아지죠?
  나: 잠깐 눈 좀 붙이세요. 정신없이 졸릴 때에는 커피 같은 거 마셔 봤자예요.
- 양측의 입장 차가 커서 토론을 해 봐야 이견을 좁히기 힘들 것이다.

연습 1 〈보기〉와 같이 연결하여 말해 보십시오.

보기	
이제 와서 후회하다	지나간 일을 되돌릴 수는 없지.

➔ 이제 와서 후회해 봤자 지나간 일을 되돌릴 수는 없지.

1)	아무리 울고 떼를 쓰며 조르다	엄마가 그 비싼 물건을 사줄 리가 없어.
2)	고작 몇 달 준비해서 사업에 뛰어들다	실패할 게 뻔한데 왜 계속 고집을 피우는지 모르겠어요.
3)	밤하늘의 별이 제아무리 아름답게 빛나다	그녀 앞에서는 빛을 잃는다.
4)	그렇게 온갖 영양제를 챙겨 먹다	불규칙한 생활습관을 바꾸지 않으면 소용없어.
5)	식당 음식이 맛있다	엄마가 손수 지어 주시는 밥만 할까?

연습 2 다음에서 알맞은 표현을 골라 대화를 완성하십시오.

문턱이 높다	머리를 굴리다	시치미를 떼다	가방끈이 길다

1) 가: 배울 만큼 배운 정치인들도 온갖 비리를 저지르는 걸 보면 학력이 높다고 좋은 사람이 되는 건 아닌가 봐요.
   나: 맞아요. ______________________ 정의롭지 못하면 참다운 인간이라고 할 수 없죠.

2) 가: 난 정말 언니 화장품을 몰래 쓴 적이 없다니까.
   나: 그런데 왜 이렇게 양이 줄어 있어? 우리 집에서 화장품을 쓰는 사람은 나랑 너밖에 없으니까 ______________________.

3) 가: 실기 시험을 앞두고 있는데 너무 떨려요. 잘 해낼 수 있을지 모르겠어요.
   나: 그 학교 ______________________. 네 실력이라면 충분히 합격하고도 남을 테니까 자신감을 가져.

4) 가: 형, 내가 카메라를 망가뜨린 거 아빠 모르게 넘어가는 방법이 없을까?
   나: 상황을 모면하려고 ______________________ 결국 아빠가 아시게 될 테니까 그냥 솔직하게 말씀드려.

연습 3 〈보기〉와 같이 문장을 완성하십시오.

보기 | 아무리 허풍을 떨다 | 자신의 본래 모습은 금세 드러나기 마련이다.

➔ 아무리 허풍을 떨어 봤자 자신의 본래 모습은 금세 드러나기 마련이다.

1) 국제 유가가 하락하다 |

➔

2) 부품을 사서 컴퓨터를 조립하다 |

➔

3) 얼룩진 지 오래된 옷을 세탁소에 맡기다 |

➔

4) | 얼마나 힘들겠어? 난 꼭 해내고 말 거야.

➔

5) | 그 사람은 눈 하나 깜짝 안 할 것이다.

➔

메모

활동 다음 상황에 맞게 이야기해 봅시다.

효과적이지 못한 한국어 공부 방법에 대해 이야기하기

- 방법
  듣기 실력 향상을 위해 한국 영화를 본다
- 문제
  자막에 집중하며 영화를 보게 된다

가: 예전에 한국어 듣기 능력을 어떻게 하면 향상시킬 수 있을까 고민하다가 한국 영화를 보기 시작했어. 지금 생각하면 듣기 실력이 좋아졌다기보다는 영화만 잔뜩 본 것 같아.

나: 나도 한국 영화를 많이 봤는데 자막이 있는 영화는 봐 봤자 실력 향상에 별로 도움이 되지 않는 것 같아.

가: 맞아. 대사를 집중해서 들으려고 해도 이해가 잘 안 되니까 자꾸 자막에 눈이 가더라.

나: 그러다가 보면 영화에 푹 빠져서 대사는 들리지도 않지.

1 활용도가 낮은 물품을 사려는 친구 만류하기

물품 ……………………………………

……………………………………

문제 ……………………………………

……………………………………

2 실효성 없는 정책을 비판하기

정책 ……………………………………

……………………………………

문제 ……………………………………

……………………………………

15 동사 (으)니 망정이지

15

장민 지아야. 너 어제 교통사고 났다면서?
어떻게 된 일이야?

지아 응. 신호 대기 중에 뒤에서 다른 차가 들이받았어.

장민 많이 다치진 않았어?

지아 목이 약간 뻐근하긴 하지만 괜찮아.
안전벨트를 단단히 맸으니 망정이지 안 그랬으면
정말 큰일 날 뻔했어.

선행절과 같은 상황이 생긴 것이 다행스러움을 나타낼 때 사용한다. 후행절에는 그 덕분에 최악의 상황은 면했음을 나타내는 내용이 온다. '동사 기에 망정이지'의 형태로도 쓴다.

- 가: 유럽 여행 잘 다녀왔어?
  나: 말도 마. 가방을 잃어버려서 고생했어. 여권이랑 지갑을 따로 들고 있었으니 망정이지 그러지 않았으면 여행 중간에 돌아와야 했을 거야.
- 가: 요즘 주식 가격이 많이 떨어졌던데 수연 씨는 괜찮아요?
  나: 네. 그나마 투자한 액수가 크지 않으니 망정이지 무리했더라면 집까지 팔아야 할 뻔했어요.
- 이제라도 비가 내리니 망정이지 하마터면 올해 농사를 망칠 뻔했어요.
- 골키퍼가 선방했기에 망정이지 자칫 잘못했으면 월드컵 문턱도 밟아보지 못하고 예선에서 탈락할 뻔했습니다.
- 그렇게 무책임한 사람이 하나이기에 망정이지 만약 여럿이었다면 회사 문을 닫아야 했을 거예요.

연습 1 〈보기〉와 같이 연결하여 말해 보십시오.

보기	두꺼운 옷을 가져갔다	안 그랬으면 추워서 제대로 놀지도 못할 뻔했어요.

➜ 두꺼운 옷을 가져갔으니 망정이지 안 그랬으면 추워서 제대로 놀지도 못할 뻔했어요.

1)	일찍 출발했다	안 그랬으면 길이 막혀 비행기를 놓쳤을지도 몰라요.
2)	기내에 의사가 있었다	하마터면 응급 환자가 목숨을 잃을 뻔했어요.
3)	달력에 메모를 해 놓았다	아니었으면 어머니 생신도 잊었을 것 같아.
4)	덜 맵게 해 달라고 했다	안 그랬으면 너무 매워서 한입도 못 먹었을 거예요.
5)	USB에 따로 저장을 해 놓다	그러지 않았으면 그동안 작업한 문서들을 다 날릴 뻔했습니다.

연습 2 다음에서 알맞은 표현을 골라 대화를 완성하십시오.

초행길이 아니다	요즘이 비수기이다
목격자가 나타나다	평소에 열심히 준비하다

1) 가: 단축 마라톤 대회에 참가했다면서? 힘들지는 않았어?
   나: 당연히 힘들었지. 그나마 ______________________ 안 그랬으면 중간에 포기했을지도 몰라.

2) 가: 여기까지 오기 힘들었을 텐데 잘 찾아왔네. 오는 길에 고생하지는 않았어?
   나: ______________________ 한번도 안 와 본 데였으면 아마 한참을 헤맸을 거야.

3) 가: 주말이라서 그런지 놀이공원에 사람이 많네요.
   나: 그나마 ______________________ 성수기였으면 발 디딜 틈도 없었을 거예요.

4) 가: 지난번 교통사고 때문에 많이 힘드셨죠?
   나: 네. 뒤늦게 ______________________ 하마터면 가해자로 오해받을 뻔했거든요. 잘 해결돼서 정말 다행이에요.

연습 3 <보기>와 같이 문장을 완성하십시오.

보기	보호 필름을 붙이다	휴대폰 액정이 깨지다

➤ 보호 필름을 붙였으니 망정이지 안 그랬으면 휴대폰 액정이 깨질 뻔했어요.

1) 지난 시합이 연습 경기이다 / ______

➤

2) 일주일 전에 예약을 하다 / ______

➤

3) 건물이 비어 있는 시간에 화재가 나다 / ______

➤

4) ______ / 음식이 모자라다

➤

5) ______ / 갑자기 오른 환율 때문에 크게 손해를 보다

➤

메모

활동 다음 상황에 맞게 이야기해 봅시다.

다행스러운 심경 표현하기

- 상황
  첫 비행기가 연착되는 바람에 갈아탈 비행기를 놓칠 뻔했다
- 다행스러운 일
  환승 대기 시간이 길었다

가: 여행은 잘 다녀왔지? 어땠어?

나: 갈 때 좀 문제가 있었던 것 빼고는 괜찮았어.

가: 왜? 무슨 일이었는데?

나: 첫 비행기가 연착되는 바람에 환승을 못 할까 봐 내내 마음을 졸였거든.
환승 대기 시간이 길었으니 망정이지 빠듯했다면 다음 비행기를 놓쳤을지도 몰라.

1 최악의 상황을 면한 후 안도감 표현하기

상황 ______________________________

____

다행스러운 일 ______________________________

____

2 안 좋은 일을 겪은 친구 위로하기

상황 ______________________________

____

다행스러운 일 ______________________________

____

16 동사 (으)ㄹ 법하다

16

나츠미 너 혹시 이 신문 기사 봤어? 어떤 사람이 편지를 넣은 유리병을 바다에 던졌는데 50년 후에 그걸 우연히 바닷가에서 발견했대.

장민 와, 진짜? 믿을 수가 없다.

나츠미 과학자들이 이런 경우가 생길 확률을 계산해 봤는데 한 사람이 연속해서 벼락을 다섯 번 맞을 확률과 비슷하대.

장민 정말 영화에나 나올 법하네.

어떤 상황이 그럴듯하거나 일어날 가능성이 있음을 나타낼 때 사용한다.

- 가: 극작가님, 이번에 연극 무대 위에 새로 올린 작품에 대해 말씀해 주시겠어요?
  나: 네. 작품에 적당한 유머도 있고 서로 간의 갈등을 사랑으로 극복한다는 내용이라서 가족이 함께 봐도 좋을 법합니다.
- 가: 이번 프로젝트는 우리 팀에서 하는 게 불가능하다고 과장님께 일주일 내내 말씀드렸는데도 수긍을 안 하셔.
  나: 그 정도로 말씀드렸으면 포기하실 법도 한데 도대체 왜 그러실까?
- 몇 달 전에 귀국한 친구에게서 연락이 올 법도 한데 바쁜지 아직 소식이 없습니다.
- '베토벤'은 음악에 관심 없는 사람이라도 누구나 한 번쯤은 들어 봤을 법한 이름이다.
- 사람들이 모두 떠난 마을에는 아이들이 한때 가지고 놀았을 법한 물건만 나뒹굴고 있었다.

연습 1 〈보기〉와 같이 바꾸어 말해 보십시오.

보기 인격 모독에 가까운 말을 들었으니 화가 날 만합니다.

➡ 인격 모독에 가까운 말을 들었으니 화가 날 법합니다.

1) 수천만 원을 호가하는 그런 비싼 옷은 부유층에게나 어울릴 듯해요.

2) 교육 문제를 논하는 자리에서 국제 관계를 언급하는 것이 뜬금없다고 생각할 수 있습니다.

3) 들뜬 마음으로 해외여행을 다니다가 물건을 잃어버리는 일은 누구에게나 있을 만하지요.

4) 나무의 둘레와 나이테를 보니까 수령이 적어도 백 년은 넘었을 듯한데요.

5) 회담 준비를 위한 선발대가 한 시간 전에 출발했으니 지금쯤 충분히 도착했겠습니다.

연습 2 다음에서 알맞은 표현을 골라 대화를 완성하십시오.

먹어 보다	난리가 나다	흥행에 성공하다	금리 인상을 고려하다

1) 가: 어제 토론 프로그램 봤어? 토론자로 나온 사람이 상대방에 대해 인신공격을 하고 다른 사람의 말을 끊더라고. 그래서 지금 시청자 게시판에서 비난이 쏟아지고 있대.

나: 그런 말과 행동을 했으면 게시판에 ______________________.

2) 가: 요즘 금리가 낮다 보니 사람들이 너도나도 대출을 받아서 부동산에 투자하는 경향이 있는 것 같아. 중앙은행에서 뭔가 규제를 곧 하지 않을까?

나: 그러게. 이 정도 상황이면 ______________________.

3) 가: 이 영화는 출연진이 화려한데 왜 관객들에게 외면을 당했지?

나: 그렇게 유명한 배우들이 나왔으면 ______________________ 내용이 너무 빈약했나?

4) 가: 전주비빔밥은 처음에는 궁중음식에서 출발했는데 이제는 전주를 대표하는 음식이 되었어.

나: 맞아. 전주에 가면 누구나 한 번쯤은 ______________________ 음식이 비빔밥이지.

연습 3 〈보기〉와 같이 문장을 완성하십시오.

보기		
많은 사람들 앞에서 발표하면	입술이 바짝바짝 타다	전혀 긴장하지 않고 말하다

➡ 많은 사람들 앞에서 발표하면 입술이 바짝바짝 탈 법도 한데 전혀 긴장하지 않고 말했다.

1)	수출 호조로 경기가 좋아지면서		농산물 가격 하락으로 물가는 오히려 안정적이다

➡

2)	깊은 밤 골목에서 갑자기 누가 튀어나오면		친구는 아무 일 없었다는 듯이 걸어가다

➡

3)	의외의 장소에서 싫어하는 사람을 만나면		그녀는 태연히 인사를 나누다

➡

4)	내 책을 빌려간 지 두 달도 넘었으니		

➡

5)	이렇게 분위기가 좋고 맛있는 식당이라면		

➡

활동 다음 상황에 맞게 이야기해 봅시다.

설문 조사 결과에 대해 수긍하기

- 설문조사 결과
  복권 당첨 결과를 가족에게 알리지 않겠다는 응답이 60%에 달했다
- 내 생각
  워낙 큰돈이라서 사실을 알리면 가족 간이라고 해도 불화가 생길 수 있다

가: 너 복권에 당첨되면 가족에게 사실대로 알릴 거야?

나: 당연하지. 좋은 일인데 당연히 알려야지.

가: 그런데 한 설문 조사에서 응답자의 60%가 가족에게도 비밀로 하겠다고 대답했대. 갑자기 생긴 큰돈 때문에 불화가 생길 수 있다면서.

나: 하긴. 워낙 큰돈이라서 사실을 알리면 아무리 가족 간이라도 불화가 생길 법도 하지.

1 친구의 처지 인정하기

친구 상황 ....

....

내 생각 ....

....

2 캠페인에 공감하기

캠페인 내용 ....

....

내 생각 ....

....

17 명사 도 명사 (이)려니와

17

나츠미 날씨가 풀려서 그런지 공원에 산책 나온 사람들이 많네. 와! 저기 강아지 좀 봐. 정말 귀엽다.

장민 그러게. 나도 고향에 있는 우리 강아지가 보고 싶다.

나츠미 요즘 혼자 지내는 게 너무 외로워서 나도 한 마리 키워 볼까 하는데 돈이 많이 든다고 해서 고민 중이야.

장민 돈도 돈이려니와 시간과 정성도 많이 들여야 해. 그러니까 신중하게 생각해서 결정하는 게 좋아.

앞의 것에 더해 다른 사실이 더 있음을 나타낼 때 사용한다.

- 가: 어제 야구 경기를 관람하러 갔는데 김재원 선수 실력이 정말 대단하더라.
  나: 그 선수는 실력도 실력이려니와 팬 서비스도 최고야. 지난번 사인 행사 때 내가 가져간 공하고 유니폼에 사인을 해 주고 같이 사진도 찍어 줬어.
- 가: 기술의 비약적인 발전으로 인해 드론이 택배를 전담할 날도 머지않은 것 같습니다. 그런데 안전 문제 때문에 정부의 승인이 미뤄지고 있다지요?
  나: 네. 정부의 승인 문제도 문제려니와 산이 많은 한국 지형과 눈비가 잦은 기후 조건도 극복해 나가야 합니다.
- 블루베리는 맛도 맛이려니와 건강에도 좋다는 사실 때문에 세계 10대 슈퍼 푸드로 꼽힌다.
- 히말라야의 매력을 말하자면 그 웅장한 경관도 경관이려니와 때 묻지 않은 현지인들의 순수한 모습을 빼놓을 수 없다.
- 작업의 양도 양이려니와 주어진 시간도 터무니없이 부족해서 제때 끝낼 수 없었어요.

연습 1 〈보기〉와 같이 바꾸어 말해 보십시오.

보기	그 영화는	내용	영상미가 압권이었다.

➡ 그 영화는 내용도 내용이려니와 영상미가 압권이었다.

1)	그 식당은	불고기	후식으로 나오는 식혜도 유명해요.
2)	이번 겨울은	추위	미세먼지에 철저히 대비해야겠습니다.
3)	유학 생활은	공부	현지 문화에 적응하는 일도 만만치 않을걸.
4)	이 그림은	색채	살아 움직이는 것 같은 밤하늘의 모습이 시선을 끈다.
5)	기존 거래처의 원자재는	가격	품질마저 떨어져서 다른 공급처를 찾고 있습니다.

연습 2 다음에서 알맞은 어휘를 골라 대화를 완성하십시오.

규모	성량	위생	디자인

1) 가: 서울전자에서 새로 출시한 휴대폰 말이야. 이전 제품하고 별로 달라진 게 없더라고.
   나: 맞아. ______________ 성능도 별반 차이가 없는 것 같아.

2) 가: 처음 보는 오페라 공연이라고 기대 많이 하더니 실제로 보니까 어땠어요?
   나: 성악가는 노래만 잘하면 되는 줄 알았는데 그게 아니더라고요.
   엄청난 ______________ 무대를 압도하는 연기력까지 정말 대단했어요.

3) 가: 와! 크다는 말만 들었지 피라미드가 실제로 이 정도일 줄은 몰랐네.
   나: ______________ 건축 기술 역시 현대에 못지않은 것 같아.

4) 가: 급성 호흡기 증후군이 확산되고 있는데요. 손을 자주 씻고 마스크를 착용하면 예방이 가능할까요?
   나: ______________ 충분한 영양 섭취를 통해 면역력이 떨어지지 않도록 하는 것이 무엇보다 중요합니다.

연습 3 〈보기〉와 같이 문장을 완성하십시오.

보기

상담자는 전문성이 중요하다	내담자의 마음에 공감하는 자세가 중요하다고 할 수 있다

상담자는 전문성도 전문성이려니와 내담자의 마음에 공감하는 자세가 중요하다고 할 수 있다.

1) 면접 때에는 옷차림이 중요하다 |

2) 미래의 교통수단은 속도 문제를 해결해야 하다 |

3) 나는 그 사람의 친절함이 마음에 들다 |

4) | 마지막까지 뛰고 말겠다는 강한 의지가 있어야 42킬로미터를 완주할 수 있다

5) | 합리적인 가격 때문에 찾는 사람들이 많다

메모

활동 다음 상황에 맞게 이야기해 봅시다.

친구가 지닌 나쁜 습관을 고칠 수 있도록 권고하기

- 문제점 1
  집중력이 저하된다
- 문제점 2
  수업 분위기를 흐린다

가: 너 수업 시간에 휴대폰을 너무 많이 사용하는 거 아니야? 단어를 찾는 정도야 괜찮지만 메시지를 보내거나 SNS를 하는 건 정말 아닌 거 같아.

나: 잠깐 할 수도 있지 뭐 그런 걸 가지고 그래?

가: 휴대폰을 사용하면 집중력 저하도 저하려니와 무엇보다 수업 분위기를 흐리게 되잖아. 너 한 사람 때문에 선생님과 다른 학생들까지 피해를 본다는 거 몰라?

나: 알겠어. 앞으로는 조심할게.

1 어느 대학교에 지원할지 고민 중인 후배에게 경희대학교 추천하기

장점 1

장점 2

2 타인과의 원활한 소통을 위해 갖추어야 할 것에 대해 이야기하기

갖추어야 할 것 1

갖추어야 할 것 2

18 동작동사 (으)ㅁ으로써

18

과학자 오늘은 저희 연구팀이 발견한 새로운 항암 성분에 대해 발표하도록 하겠습니다. 모두 아시다시피 일반적인 항암제는 치료 효과는 좋지만 구토, 탈모 등의 부작용을 동반하는 경우가 많았습니다. 그래서 저희 연구팀은 식물에 있는 항암 성분을 추출해 냄으로써 부작용을 억제할 수 있는 방안을 찾게 되었습니다. 그리고 마침내 1년의 임상 실험 결과 탁월한 효과가 있음을 확인했습니다.

문장을 명사화하여 수단이나 방법, 이유 등을 나타낼 때 사용한다. 문어나 격식적인 상황에서 주로 쓴다.

- 가: 최근 각광 받는 미니멀리즘을 어떻게 해석해야 할까요?
  나: 불필요한 부분을 줄임으로써 원래의 쓰임새를 최대한 살리고자 하는 시도로 볼 수 있습니다.
- 가: 선생님, 작품에서 이상 사회를 건설하려던 주인공의 계획은 성공하나요?
  나: 아닙니다. 주인공이 적의 음모에 빠짐으로써 모두 수포로 돌아가게 됩니다.
- 신라는 백제와의 혈투 끝에 한강 유역을 차지함으로써 이후 삼국을 통일하는 발판을 마련했다.
- 학부모 상담 프로그램은 학부모가 마음의 여유를 찾음으로써 아이에게 더 나은 양육 환경을 제공하는 것을 목표로 한다.
- 코닥(Kodak)은 한때 세계 시장을 양분하며 전성기를 누렸으나 변화하는 환경에 적응하지 못함으로써 파산에까지 몰리게 되었다.

연습 1 〈보기〉와 같이 연결하여 말해 보십시오.

보기 우리 회사는 가격 경쟁력을 갖추다 / 지난해보다 매출이 크게 올랐습니다.

→ 우리 회사는 가격 경쟁력을 갖춤으로써 지난해보다 매출이 크게 올랐습니다.

1)	정부는 표준어를 제정하다	진정한 국민 통합을 꾀하였다.
2)	여성 고용 할당제를 시행하다	특정 직업에서의 남성 편중 현상을 조금이나마 완화할 수 있었다.
3)	이 소설은 하나의 사건을 다른 관점에서 제시하다	다양한 해석을 가능하게 합니다.
4)	부모가 근검절약하는 모습을 보이다	자녀에게 자연스럽게 경제관념을 심어 줄 수 있습니다.
5)	김정수 씨는 국제 기능 대회에서 최우수상을 받다	한국 기술 인력의 우수성을 세계에 알렸다.

연습 2 다음에서 알맞은 어휘를 골라 대화를 완성하십시오.

고조되다	체험하다	회전하다	획득하다

1) 가: 물레는 일정한 속도로 ____________ 흙의 모양이 흐트러지지 않도록 도와줍니다.
   나: 설명을 듣고 보니 물레가 도자기를 빚을 때 왜 필요한지 알겠어요.

2) 가: 박물관에서 단오를 맞아 민속놀이 행사를 기획한 특별한 이유가 있을까요?
   나: 관람객들이 다양한 민속놀이를 ____________ 우리 민족의 정서와 흥을 느끼는 기회가 될 수 있다고 생각했습니다.

3) 가: 이 두 나라는 다른 나라들에 비해서 특히 군비 지출 비율이 높은데요.
   나: 맞습니다. 국경을 마주하고 있는 두 나라의 긴장 상태가 ____________ 군비가 늘어난 것으로 보입니다.

4) 가: 어제 월드컵 예선 경기는 엎치락뒤치락하며 막판까지 손에 땀을 쥐게 했는데요. 경기 막판에 터진 골은 정말 극적이었던 것 같습니다.
   나: 그렇습니다. 어제 경기의 승리로 승점 3점을 ____________ 남은 경기 결과에 상관없이 본선 진출이 확정되었습니다.

연습 3 〈보기〉와 같이 문장을 완성하십시오.

보기

부품 회사가 생산 설비의 국산화에 성공하다	기술의 자립도를 높일 수 있다

➜ 부품 회사가 생산 설비의 국산화에 성공함으로써 기술의 자립도를 높일 수 있었다.

1) | 경찰이 장기 미제 사건을 해결하다 | |

➜

2) | 화학 비료 대신 천연 비료를 사용하다 | |

➜

3) | 염색 공장에서 지속적으로 폐수를 유출하다 | |

➜

4) | | 동물 보호 운동에 힘을 보태고 싶다 |

➜

5) | | 도시와 농촌 간의 격차를 해소할 필요가 있다 |

➜

메모

활동 다음 상황에 맞게 이야기해 봅시다.

수료 소감 발표하기

- 구체적인 행동
  예습과 복습을 생활화했다
- 결과
  학습에서의 어려움을 극복할 수 있었다

가: 다음으로 프랑스에서 온 레아 씨의 수료 소감 발표를 듣겠습니다.

나: 안녕하세요. 프랑스에서 온 레아입니다.
제가 공부하면서 겪은 가장 큰 어려움은 한국어가 모국어와 많이 달라서 배우기가 쉽지 않았다는 점이었습니다. 너무 힘들어서 공부를 포기할까 생각한 적도 있었습니다.
하지만 선생님과 친구들의 조언대로 예습, 복습을 생활화함으로써 이런 어려움을 극복할 수 있었습니다.

1 건강이 안 좋은 사람에게 대안 제시하기

대안 ....

....

결과 ....

....

2 유명 스포츠 선수의 슬럼프 극복 사례 소개하기

극복 방법 ....

....

결과 ....

....

19 동사 (으)ㄹ망정

19

레아 요즘 취업 준비를 하고 있다면서? 그런데 전에는 대학원에서 본격적으로 건축 공부를 하고 싶다고 했잖아.

준서 응. 그러려고 했는데 사정이 생겨서 당분간 돈을 벌어야 할 것 같아.

레아 그렇구나. 당장은 진학을 미룰망정 꿈은 포기하지 않았으면 좋겠다.

준서 그렇게 말해 주니 힘이 난다. 고마워.

선행절의 상황을 인정하거나 가정해도 후행절의 내용에 영향을 주지 않음을 나타낼 때 사용한다. 후행절에는 결심, 의지를 드러내거나 예상과 반대되는 내용이 온다.

- 가: 연극 〈아리랑〉의 주연 배우가 투병 중에도 열연을 하고 있어 화제라지요?
  나: 네. 이 작품의 주연을 맡은 72세 최선주 씨는 무대에서 쓰러질망정 병상에서 여생을 보내지는 않겠다며 강한 의지를 보였습니다.
- 가: 아침마다 맛없는 녹즙을 마시다니 대단하다.
  나: 이게 맛은 없을망정 건강에는 정말 좋다니까 너도 한잔 마셔 봐.
- 빈털터리가 되어 거리에 나앉을망정 도리에 어긋나는 일을 하며 살 수는 없다.
- 내가 다닌 초등학교는 비록 작은 학교일망정 오랜 역사를 자랑한다.

'동작동사 지는 못할망정'의 형태로 선행절의 내용처럼 하는 것이 바람직한데 그렇게 하지 않은 것에 대한 원망이나 어이없음, 바람 등을 나타낼 때 쓴다.

- 가: 와, 맛있다. 하나 더 먹어도 돼?
  나: 모처럼 요리하는데 도와주지는 못할망정 방해는 말아야지.
- 지갑을 잃어버리고 온 사람에게 위로는 못 해 줄망정 핀잔을 주어서야 되겠습니까?

연습 1 〈보기〉와 같이 연결하여 말해 보십시오.

보기	그는 다른 사람들에게 비난을 받다	자신의 뜻을 굽히지 않았다.

→ 그는 다른 사람들에게 비난을 받을망정 자신의 뜻을 굽히지 않았다.

1)	돈을 못 벌다	고객을 속여 물건을 팔지는 않을 것이다.
2)	평생을 혼자 살아가다	그런 사람하고는 결혼하고 싶지 않아요.
3)	우리 집은 비좁다	사랑하는 가족들과 함께할 수 있어서 무엇보다 소중한 곳입니다.
4)	비록 헌책들이다	배움에 목말랐던 내게는 훌륭한 스승과도 같았습니다.
5)	중고차를 구입했다	마음만은 새 차를 산 것 못지않게 설렜다.

연습 2 다음에서 알맞은 표현을 골라 대화를 완성하십시오.

행동을 나무라다	허물을 덮어 주다	어깨를 두드려 주다	도움의 손길을 내밀다

1) 가: 수해를 입은 사람들에게 ______________________ 거기 가서 홍보에만 열을 올리다니 정말 한심하네.

나: 그러게. 보는 사람까지 민망해지게 한다.

2) 가: 대기실로 들어오는 선수들 봤어요? 최선을 다했는데 막판 실책으로 아쉽게 져서인지 너무 풀이 죽은 표정이더라고요.

나: 맞아요. 게다가 감독이 선수들 ______________________ 꾸짖기 바쁘니 보기에 안 좋았어요.

3) 가: 지난 주말에 식당에서 한 아이가 시끄럽게 뛰어다니는데도 부모가 혼내지 않고 오히려 흐뭇하게 보고 있더라고요.

나: 아이의 ______________________ 감싸려고만 들면 아이 버릇이 더 나빠질 텐데요.

4) 가: 실수 좀 한 걸 가지고 사람들 앞에서 그런 식으로 말하면 어떡해. 친구의 ______________________ 오히려 망신을 준 셈이잖아.

나: 일부러 그러려고 한 건 아니었는데 내 생각이 짧았어.

연습 3 〈보기〉와 같이 문장을 완성하십시오.

보기	정우는 팀에서 가장 어리다	형들보다 의젓한 데가 있다

→ 정우는 팀에서 가장 어릴망정 형들보다 의젓한 데가 있다.

1) 조퇴를 하고 돌아오다 |

→

2) 비록 이번 일은 실패했다 |

→

3) 내가 가고자 하는 이 길이 가시밭길이다 |

→

4) 부모님께 효도를 하지는 못하다 |

→

5) 어리석은 짓을 하려는 친구를 말리지는 못하다 |

→

메모

활동 다음 상황에 맞게 이야기해 봅시다.

진로 변경에 대한 의지 밝히기

- 미래의 부정적 상황
  백수가 될지도 모른다
- 현재의 의지
  해 보고 싶은 일을 하겠다

가: 전공을 바꾸려고 준비 중이라면서?

나: 응. 아무래도 우리 과가 내 적성엔 안 맞는 것 같아서. 학과 공부에 흥미도 안 느껴지고.

가: 그래도 우리 학과가 취업률은 높은 편이잖아. 나중에 취직이 안 되면 어쩌려고 그래?

나: 나중에 백수가 될망정 지금은 내가 관심 있는 쪽을 공부해 보고 싶어.

1 나의 장점 강조하여 말하기

내가 인정하는 단점 ....

....

강조하고 싶은 장점 ....

....

2 어이없는 행동 보고 반응하기

어이없는 행동 ....

....

바람직한 행동 ....

....

20 동사 (으)ㄴ/는 만큼

20

견학생 와! 토성의 고리가 또렷하게 보이네요. 정말 신비로워요.

해설사 날짜를 잘 선택하셨어요. 오늘이 별을 관측하기에 가장 좋은 날입니다.

견학생 실제로 우주에 나가서 저 별들을 볼 수 있었으면 좋겠어요. 어떤 외국 기업이 우주여행 상품을 개발하고 있다고 들었는데 그게 정말 가능할까요?

해설사 과학 기술이 하루가 다르게 발전하는 만큼 그런 날이 곧 올 겁니다.

선행절의 내용을 인정하면서 그것이 후행절의 충분한 원인이나 근거임을 나타낼 때 사용한다.

- 가: 이번 호 여행지 소개는 그 지역의 축제를 중심으로 구성해 보려고 하는데 어떻게 생각하세요?
  나: 그간 지역 축제를 다룬 적이 많은 만큼 흥미를 끌 수 있는 색다른 소재를 찾아봐야 할 것 같습니다.
- 가: 대표님, 외식 프랜차이즈 사업으로 승승장구하고 계시는데 이번에는 해외에 삼계탕 전문점을 차리신다고 들었어요. 과연 삼계탕이 외국인들에게도 통할까요?
  나: 어느 나라에서나 닭이라는 재료에 대한 거부감은 없는 만큼 충분히 가능성이 있다고 생각해요.
- 현장에서 위험한 장비를 다루는 만큼 안전사고에 유의해 주시기 바랍니다.
- 너도 제법 나이를 먹은 만큼 미래에 대해 진지하게 고민해 봐야 하지 않겠니?
- 이곳은 제가 긴 시간 동안 소중한 추억을 쌓은 곳인 만큼 평생 잊을 수 없을 것입니다.

연습 1 〈보기〉와 같이 연결하여 말해 보십시오.

보기	곧 비자 만료일이 다가오다	필요한 서류를 미리 준비해 두세요.

➡ 곧 비자 만료일이 다가오는 만큼 필요한 서류를 미리 준비해 두세요.

1)	여기는 역세권인 데다가 사람도 많이 다니다	식당 차리기에 좋을 것 같아요.
2)	이 팀은 큰 경기에서 유독 강하다	상대에 비해 전력이 다소 떨어져도 승리를 점치는 사람들이 많다.
3)	종이에도 손을 베일 수 있다	빳빳한 새 종이를 다룰 때에는 조심할 필요가 있다.
4)	결혼이야말로 인생의 중대사이다	결정에 신중을 기해야 해요.
5)	초기 모델부터 디자인으로 호평을 받았다	다음 제품 역시 외형에 공을 들일 것으로 예상됩니다.

연습 2 다음에서 알맞은 표현을 골라 대화를 완성하십시오.

변수가 많다	소문이 자자하다	북새통을 이루다	분위기가 무르익다

1) 가: 민족 최대의 명절인 설을 맞아 본격적인 귀성 행렬이 시작되었습니다. 서울역에 나가 있는 기자 연결해 보겠습니다.

나: 현재 이곳 서울역은 매우 혼잡한 상황입니다. 귀성객들로 ______________________ 물품을 분실하거나 차량을 잘못 타는 일이 없도록 주의하시기 바랍니다.

2) 가: 주식에 대한 공부도 웬만큼 했으니 내년부터 투자를 시작해 보려고.

나: 주식 시장이라는 게 ______________________ 섣불리 뛰어들었다가는 손해를 보기 십상이야.

3) 가: 며칠 전에 소파를 옮기다가 허리를 삐끗했어. 조금 나아지기는 했지만 아직도 오래 걷거나 서 있기가 좀 불편하네.

나: 사거리 한의원에 가서 침을 좀 맞아 봐. ______________________ 효과가 있지 않을까?

4) 가: 냉랭했던 두 나라의 관계가 정상 외교를 통해 한층 가까워진 것 같습니다.

나: 네. ______________________ 곧 구체적인 경제 협력 방안들도 논의될 것으로 예상됩니다.

연습 3 〈보기〉와 같이 문장을 완성하십시오.

보기

중고 물품 거래는 사기를 당할 위험성이 크다	판매자를 직접 만나서 거래를 하는 것이 좋다

➡ 중고 물품 거래는 사기를 당할 위험성이 큰 만큼 판매자를 직접 만나서 거래를 하는 것이 좋다.

1) | 1인 가구가 해마다 증가하고 있다 | |

➡

2) | 이번 일은 시작부터 분위기가 좋다 | |

➡

3) | | 다소 불편하시더라도 대중교통을 이용해 주시기 바라다 |

➡

4) | | 복용 전에 의사와 상담할 것을 권하다 |

➡

5) | | 디자인보다는 내구성에 중점을 두고 고르는 것이 좋다 |

➡

메모

활동 다음 상황에 맞게 이야기해 봅시다.

미세 먼지 해결 방안 제시하기

- 근거
  산업 시설이 전체 오염원의 대부분을 차지한다
- 방안
  오염물질 배출 저감 장치를 의무적으로 설치하도록 해야 한다

가: 마스크 쓰고 다니는 것도 하루 이틀이지 답답해서 못 살겠다는 시민들의 원성이 자자한데요. 도대체 왜 이렇게 공기가 나빠진 걸까요?

나: 조사 결과에 따르면 전체 미세 먼지의 80%가 늘어난 공장과 발전 설비에서 배출된다고 합니다.

가: 그렇다고 공장 가동을 멈추게 하거나 전기를 안 쓰고 살 수는 없을텐데요.

나: 산업 시설이 전체 오염원의 대부분을 차지하는 만큼 그런 시설에는 오염물질 배출 저감 장치를 의무적으로 설치하도록 해야 한다고 봅니다.

1 미래 사회의 모습 전망하기

근거

모습

2 동물원 폐지에 대해 찬반 견해 밝히기

근거

견해

21 동작동사 (으)ㄹ 바에

21

나츠미 이번에 하나식품에서 신입 사원 공채를 하는데 지원할까 말까 고민 중이야.

준서 그동안 열심히 준비했으니까 서류라도 내 보지 그래?

나츠미 경쟁률이 워낙 높아서 서류 심사를 통과할 수 있을지 모르겠어.

준서 어떻게 될지 모르잖아. 해 보지도 않고 후회할 바에 떨어지더라도 지원해 보는 게 좋지 않을까?

선행절과 후행절의 상황이나 행위가 모두 만족스럽지 않지만 차라리 후행절의 상황이나 행위를 선택하는 것이 나음을 나타낼 때 사용한다.

- 가: 이어폰이 또 고장 났네. 싼 맛에 샀더니 벌써 두 개째 말썽이야.
  나: 돈 아낀다고 싸구려 여러 개 살 바에 좀 비싸더라도 제대로 된 걸 사는 게 어때?
- '모르면 약이요 아는 게 병'이라는 속담은 알아서 괴로워할 바에야 모르는 게 낫다는 뜻이다.
- 고가의 브랜드는 고급스러운 이미지를 유지하기 위해 재고품을 할인 판매할 바에는 차라리 폐기 처분하겠다는 전략을 선택하기도 한다.

선행절에서 정해진 상황을 바꾸지 못한다면 후행절의 상황이나 행위를 택하는 것이 좋음을 나타낼 때 사용한다. 선행절에는 '어차피, 이왕(에), 기왕(에)' 등의 부사가 자주 쓰인다.

- 가: 과제를 하기 싫어서 며칠째 미뤘더니 다른 일도 손에 안 잡히고 마음만 불편하네.
  나: 빨리 해. 어차피 할 바에야 끝내고 편하게 쉬는 게 낫겠다.
- 가: 요즘 너무 바빠서 세 끼를 모두 인스턴트식품으로 때우고 있어요.
  나: 이왕에 인스턴트식품을 먹을 바에는 영양 성분표를 꼼꼼히 확인하고 괜찮은 걸로 드세요.
- 이 일이 어렸을 때부터 꿈꿔 오던 일은 아니었지만 기왕 할 바에 잘해 보고 싶다.

연습 1 〈보기〉와 같이 연결하여 말해 보십시오.

보기	검사를 미루면서 불안해하다	하루라도 빨리 병원을 찾는 것이 좋다.

→ 검사를 미루면서 불안해할 바에 하루라도 빨리 병원을 찾는 것이 좋다.

1)	큰 비용을 들여 환경정화시설을 설치하다	벌금을 내겠다는 기업이 있어 문제가 되고 있다.
2)	대충 해서 욕을 먹다	차라리 사정을 이야기한 뒤 못 하겠다고 거절하세요.
3)	지키지 못할 약속을 하다	아예 하지 않는 편이 상대방을 위해서도 좋아요.
4)	주어진 상황을 피하지 못하다	어렵고 힘들어도 웃으면서 이겨 냅시다.
5)	신인 골퍼 김성주 씨는 기왕 골프에 인생을 걸다	최고의 선수가 되겠다는 각오로 필드에 나섰다고 말했다.

연습 2 다음에서 알맞은 표현을 골라 대화를 완성하십시오.

방황하다	충원하다	시간을 죽이다	폐기 처분하다

1) 가: 나는 사회학과에 가서 국제 이주 현상에 대해 연구하고 싶은데 부모님께서는 경영학과에 지원하라고 하셔.
   나: 그래도 적성에 맞지 않는 전공을 선택해서 ____________ 어렵더라도 부모님을 설득해 보는 게 좋다고 생각해.

2) 가: 우리 팀 인원이 부족하다고 건의했는데 왜 아직 감감무소식이죠?
   나: 조만간 신규 채용 공고를 낸다고 하니 기다려 봐요. 기왕 ____________ 이번에는 좀 많이 뽑아서 우리 팀으로 보내 줬으면 좋겠네요.

3) 가: 세관에서 압수한 물품을 여전히 소각 처리 하시나요?
   나: 작년까지는 그렇게 했지요. 그렇지만 올해 초부터는 ____________ 필요한 곳에 보내자는 취지로 사회 복지 시설에 기증하고 있습니다.

4) 가: 이사하고 나니까 출퇴근할 때 전철에서 보내는 시간이 두 시간이야. 이제 인터넷 검색도 지겨워지려고 해.
   나: 멍하니 ____________ 뭐라도 해 봐. 그 시간이면 일주일에 책 한 권은 읽을 수 있겠다.

연습 3 〈보기〉와 같이 문장을 완성하십시오.

보기	졸음을 참아 가며 운전을 하다	조금 늦더라도 휴게소에서 잠깐 눈을 붙이다

➔ 졸음을 참아 가며 운전을 할 바에 조금 늦더라도 휴게소에서 잠깐 눈을 붙이세요.

1) 혈세를 들여 지은 월드컵 경기장을 방치하다

➔

2) 길에 떨어진 물건에 손을 대서 의심을 받다

➔

3) '1+1' 행사라고 불필요한 물건을 사다

➔

4) 휴대폰이 고장 나서 어차피 바꾸다

➔

5) 기왕 외국 생활을 하다

➔

메모

활동 다음 상황에 맞게 이야기해 봅시다.

옷장을 정리하지 않는 동생과 대화하기

- 상황
  동생이 입지도 않는 옷을 버리지 않고 계속 쌓아 두어서 옷을 넣을 자리가 없음
- 내 의견
  안 입는 옷은 쌓아 두는 것보다 옷이 필요한 곳에 기부하는 것이 좋음

가: 네 옷 때문에 옷장에 공간이 없잖아. 안 입는 옷은 버리자.

나: 버리기는 좀 아까운데…. 유행은 돌고 돈다니까 언젠가는 입겠지.

가: 유행이 돌아오더라도 스타일은 조금씩 달라져서 결국 못 입을걸. 이렇게 쌓아 둘 바에 옷이 필요한 곳에 기부하는 건 어때?

나: 그럴까?

1 요새 잠이 안 와서 억지로 누워 있다는 친구와 대화하기

상황

내 의견

2 되돌릴 수 없는 상황에 대해 후회하는 친구에게 조언하기

상황

내 의견

22 동작동사 는 한이 있더라도

22

기자 박세영 선수, 은퇴를 앞둔 심경이 어떠신지요?

박세영 제가 은퇴를 한다는 게 아직도 실감이 나지 않아요. 골프 선수가 아닌 제 모습은 어떨까 기대 반 걱정 반입니다.

기자 요즘 어깨가 좀 안 좋다는 얘기가 있던데 다음 달 은퇴 경기 출전에는 지장이 없나요?

박세영 솔직히 좋지는 않아요. 하지만 25년 선수 생활을 마무리하는 자리인 만큼 중도에 기권하는 한이 있더라도 꼭 출전할 생각입니다.

극단적인 상황을 가정하더라도 그것이 뒤의 행동이나 결과에 영향을 미치지 않음을 나타낼 때 사용한다.

- 가: 김 대리, 시간이 늦었는데 퇴근 안 해?
  나: 저도 하고 싶은데 내일 회의 자료 준비가 덜 돼서요. 밤을 새우는 한이 있더라도 내일 아침까지 다 끝내야 되거든요.
- 가: 최근 들어 몰려드는 관광객들로 인해 지역 주민들의 고충이 날로 심해지고 있는데요. 이 문제에 대한 구청장님의 의견을 듣고 싶습니다.
  나: 네. 우선 결론부터 말씀드리자면, 관광객 수가 줄어드는 한이 있더라도 주민의 생활권 보호를 최우선으로 고려할 생각입니다.
- 나중에 땅을 치고 후회하는 한이 있더라도 이번 일만은 제 생각대로 하겠습니다.
- 자신은 밥을 굶는 한이 있어도 반려동물에게는 좋은 사료를 먹이겠다는 사람들이 점차 늘고 있다.
- 유 회장은 기업이 손해를 보는 한이 있더라도 사회의 균형 발전을 위해 협력하는 것이 무엇보다 중요하다고 강조했다.

연습 1 〈보기〉와 같이 연결하여 말해 보십시오.

보기	희생을 감수하다	다른 사람들에게 피해를 주지는 않겠다.

➤ 희생을 감수하는 한이 있더라도 다른 사람들에게 피해를 주지는 않겠다.

1)	몸이 부서지다	맡은 일에 최선을 다하겠습니다.
2)	다시 한번 속다	그 사람을 끝까지 믿어 보고 싶어.
3)	선거에서 또 지다	깨끗하고 당당하게 선거 운동을 할 것입니다.
4)	추가 예산을 편성하다	해양 폐기물 문제를 시급히 해결해야 합니다.
5)	사건 해결이 늦어지다	무고한 피해자를 만들어서는 안 된다.

연습 2 다음에서 알맞은 표현을 골라 대화를 완성하십시오.

졸업을 미루다	완공이 늦어지다	무대에서 쓰러지다	하늘이 두 쪽 나다

1) 가: 작가님, 지난주가 원고 마감이었는데 아직 받지 못해서요. 이번 주까지는 꼭 좀 부탁드리겠습니다.
   나: 네. 죄송합니다. ____________________ 이번 주까지는 꼭 보내드리겠습니다.

2) 가: 전국 투어 콘서트 일정이 너무 빡빡하다는 의견이 많던데 괜찮으시겠어요?
   나: 오랜만에 팬들을 만나는 소중한 자리잖아요. ____________________ 일정을 끝까지 소화할 생각입니다.

3) 가: 너 교환학생 신청했다면서? 그런데 외국에서 딴 학점이 국내에서는 인정이 안 돼서 졸업이 늦어지는 경우가 있다던데 괜찮겠어?
   나: 알아. 하지만 ____________________ 더 넓은 세상에 나가 다양한 경험을 해 보고 싶어.

4) 가: 김 기자, 서울시의회 의원들이 관내 공사 현장을 방문해 폭염 대응 상황을 점검했다면서요?
   나: 네. 시의원들은 ____________________ 건설 근로자의 건강과 생명을 최우선으로 고려해 줄 것을 건설사와 관계 부서에 당부했습니다.

연습 3 〈보기〉와 같이 문장을 완성하십시오.

보기

결과에 대한 책임을 지고 자리에서 물러나다	해외 시장 진출만은 포기할 수 없다

➜ 결과에 대한 책임을 지고 자리에서 물러나는 한이 있더라도 해외 시장 진출만은 포기할 수 없습니다.

1)

내 눈에 흙이 들어가다	

➜

2)

사람들에게 비난을 받다	

➜

3)

	여행을 위한 지출을 줄이고 싶지는 않다

➜

4)

	가까운 사람과 돈 거래는 하지 않는 것이 좋다

➜

5)

	일생에 꼭 한 번은 에베레스트산 정상에 올라 보고 싶다

➜

메모

활동 다음 상황에 맞게 이야기해 봅시다.

단호한 의지 표명하기

- 진로 변경
  공무원을 그만두고 창업을 하려고 함
- 가정하는 최악의 상황
  실패해서 전 재산을 날림

가: 너 사표 냈다고 지영 씨가 얘기하던데 정말이야?
요즘 세상에 공무원같이 좋은 직업이 어디 있다고 사표를 내?

나: 그건 나도 아는데 업무가 적성에 안 맞아서 너무 힘들었어. 이제 오래 전부터 꿈꿔 온 창업에 도전하려고.

가: 경기가 어려워서 기존에 있던 업체들도 문 닫는 데가 많다던데 괜찮겠어?

나: 실패해서 전 재산을 날리는 한이 있더라도 한번 해 보고 싶어. 응원해 줘.

1 자신에게 중요한 것을 포기하면서까지 꼭 이루고 싶은 것 이야기하기

꿈을 위해 포기해야 하는 것

이루고 싶은 일

2 회사의 잘못된 관행을 바로잡고자 하는 직원의 각오 밝히기

각오해야 하는 최악의 상황

바꾸고 싶은 관행

23 동작동사 는 한편

23

진행자 서울시에서 제1회 세계 민속 문화 축제를 개최했는데요. 그 생생한 현장, 지금 만나 보시죠. 이소연 리포터!

리포터 네. 여기는 축제가 열리고 있는 현장입니다. 각국의 전통 음식부터 놀이까지 다채로운 행사를 즐기려는 시민들의 모습이 보입니다.

진행자 그렇군요. 서울시에서 이번 축제에 공을 많이 들였다면서요?

리포터 그렇습니다. 서울시는 이번 축제를 위해 각국의 전통 공연단을 초대하는 한편 민속 의상을 입어 볼 수 있는 체험관을 설치하는 등 다양한 이벤트를 준비했다고 합니다.

어떤 일을 하는 동시에 다른 쪽에서 또 다른 일을 함을 나타낼 때 사용한다.

- 가: 시사평론가가 되고자 하는 청소년들을 위해 어떤 노력을 해야 하는지 한 말씀 부탁드립니다.
  나: 전문 서적을 통해 체계적인 지식을 쌓는 한편 다른 사람의 글을 읽어 보며 자신만의 관점을 세워 나가는 연습도 필요합니다.
- 가: 인공 지능 로봇이 인천국제공항을 찾는 이용객들에게 신선한 즐거움을 주고 있다면서요?
  나: 그렇습니다. 로봇에게 비행기 편명을 말하면 체크인 카운터를 알려 주는 한편 목적지까지 직접 안내를 해 주기도 합니다.
- 이번 재난 안전 교육은 시민들의 안전 의식을 높이는 한편 향후 발생할 수 있는 안전사고를 미연에 방지하고자 마련되었다.
- 제품 출시를 앞두고 기존 제품과의 차별화를 위해 기술 개발에 매진하는 한편 브랜드의 이미지 제고에도 힘쓰고 있습니다.
- 정부는 일자리 박람회를 개최하여 유망 직종을 소개하는 한편 구직자들에게 기업에 대한 정보도 제공하였다.

연습 1 〈보기〉와 같이 연결하여 말해 보십시오.

보기

가수 하나 씨는	공연 수익금을 기부하다	틈나는 대로 봉사 활동에도 적극 참여하고 있다.

➲ 가수 하나 씨는 공연 수익금을 기부하는 한편 틈나는 대로 봉사 활동에도 적극 참여하고 있다.

1)	사이버경찰청은	허위 정보 단속에 집중하다	관련 사이트에 이미 유포된 정보의 삭제를 요청하기로 했다.
2)	직업심리검사는	개인의 심리를 측정해 자신에 대한 이해를 높이다	적합한 진로를 선택할 수 있게 도움을 줍니다.
3)	운동 치료 요법을 쓰면	틀어진 자세를 바로잡을 수 있다	근육을 강화시키는 데에도 도움이 됩니다.
4)	이 점퍼는 기능성 원단을 사용하여	한기의 침투를 막다	체내에서 발생하는 열이 빠져나가지 않도록 해 준다.

연습 2 다음에서 알맞은 표현을 골라 대화를 완성하십시오.

마련하다	자극하다	길러 주다	고취시키다

1) 가: 강아지를 산책 시킬 시간이 부족한데 그냥 충분히 놀아 주면 되는 거 아닌가요?
나: 산책은 반려견의 사회성을 ______________ 갇힌 공간에서 느끼는 답답함을 해소해 주기 때문에 꼭 필요합니다.

2) 가: 시장님, 저소득층 교통비 지원 정책에 대한 시민들의 반응이 좋습니다. 앞으로의 계획은 어떻습니까?
나: 앞으로도 실효성 있는 정책을 ______________ 시민들과의 소통을 좀 더 확대해 나가고자 합니다.

3) 가: 독특한 향기로 소비자의 구매 욕구를 자극하는 향기 마케팅이 늘고 있다는데 향기가 어떤 역할을 하는 겁니까?
나: 향기는 소비자의 감성을 ______________ 상품에 매력을 더해 주는 역할을 합니다.

4) 가: 한 대학에서 입학을 앞두고 있는 학생들을 대상으로 영어와 컴퓨터 등 대학 생활에 필요한 교육을 무료로 실시했다고요?
나: 네. 학생들의 학습 의욕을 ______________ 대학 생활에 도움을 주기 위해서라고 합니다.

연습 3 〈보기〉와 같이 문장을 완성하십시오.

보기	한 쇼핑몰에서 개점 10주년을 맞아	대규모 할인 행사를 열다	모든 구매 고객에게 배송을 무료로 해 주다

➔ 한 쇼핑몰에서 개점 10주년을 맞아 대규모 할인 행사를 여는 한편 모든 구매 고객에게 배송을 무료로 해 주고 있다.

1)	요즘 젊은 세대는 SNS를 통해	서로 소식을 주고받다	
2)	숲 체험 프로그램은	심신의 피로와 긴장감을 풀어 주다	
3)	그 자동차 회사는		피해 보상 방안을 논의 중이다
4)	눈 건강을 지키려면		평소 미네랄과 비타민을 섭취하는 것이 좋다
5)	한국어 실력 향상을 위해		

활동 다음 상황에 맞게 이야기해 봅시다.

원만한 대인 관계를 유지하는 방법에 대해 인터뷰하기

- 방법 1
  상대방의 감정을 헤아리다
- 방법 2
  자신의 감정을 솔직하게 표현하다

가: 최근 대인 관계에 어려움을 겪는 사람들이 많아진 것 같습니다.

나: 네. 저희 심리센터에도 그런 문제로 상담을 받으러 오시는 분들이 많습니다.

가: 타인과 관계를 맺고, 또 그 관계를 유지하는 게 쉽지는 않죠?

나: 그럼요. 원만한 관계를 유지하려면 상대방의 감정을 헤아리는 한편 자신의 감정도 솔직하게 표현할 줄 알아야 합니다.

1 동아리 신입 회원을 모집하기 위한 방안에 대해 보고하기

방안 1

방안 2

2 외국인 관광객을 유치하기 위한 대책 발표하기

대책 1

대책 2

24 동사 (으)ㄹ까마는

24

한나　선배님, 여기에서 뭐 하세요?

선배　한나구나. 보다시피 책 읽고 있지. 가을이잖아.

한나　아, 한국에서는 가을을 '독서의 계절'이라고 한다면서요?

선배　응. 책 읽는 데 좋은 계절이 따로 있을까마는 날씨도 선선하고 마음도 차분해지는 가을이 책 읽기에는 그만인 것 같아.

어떤 상황을 반대로 가정해도 그것이 후행절의 상황에 영향을 미치지 않음을 나타낼 때 사용한다. '동사 겠냐마는', '동사 (으)랴마는'의 형태로도 쓴다.

- 가: 누가 제 차 앞에 주차를 하는 바람에 두 시간째 차를 못 빼고 있어요.
  나: 일부러 그랬을까마는 그런 식으로 주차하면서 연락처도 안 남기다니 너무하네요.
- 가: 한국에서는 카페 테이블 위에 소지품을 두고 화장실에 가는 사람이 많더라. 너도 그래?
  나: 아니. 설마 누가 가져가겠냐마는 잃어버리면 나만 손해니까 잘 챙겨야지.
- 자기 돈으로 여행을 간다는데 말릴 수 있을까마는 그래도 위험 지역은 피했으면 좋겠다.
- 대기업 회장에게 1억이 대수랴마는 10년이 넘도록 꾸준히 기부한다는 것은 쉬운 일이 아니다.
- 열 손가락 깨물어 안 아픈 손가락이 있으랴마는 이번 작품은 집필하는 동안 워낙 고생을 해서 그런지 전작에 비해 더 애정이 갑니다.

연습 1 〈보기〉와 같이 연결하여 말해 보십시오.

보기

세상에 쉬운 일이 어디 있을까?	새로운 분야를 개척하는 것이야말로 만만찮은 일이다.

→ 세상에 쉬운 일이 어디 있을까마는 새로운 분야를 개척하는 것이야말로 만만찮은 일이다.

1)	체력이 하루아침에 좋아질까?	꾸준히 운동하다 보면 분명히 효과가 있을 거야.
2)	가벼운 접촉 사고라고 하니 설마 크게 다쳤을까?	놀란 마음이 가라앉지 않는다.
3)	다른 사람의 마음이 내 마음 같겠냐?	어쩌면 저렇게 자기만 생각할까?
4)	타고난 성격이 쉽게 바뀌겠냐?	성격이 매사에 문제가 된다면 고치기 위해 노력은 해야지.
5)	세상에 흠 없는 사람을 찾는 게 쉬운 일이랴?	한 나라의 지도자를 선택할 때는 그 사람의 여러 가지 면을 꼼꼼히 살펴봐야 한다.

연습 2 다음에서 알맞은 표현을 골라 대화를 완성하십시오.

대수가 아니다	별수 없다	한둘이 아니다	한적하지 않다

1) 가: 교수님, 과거 경제 성장을 위해 정부가 미뤄 온 일들에는 어떤 것이 있을까요?
   나: 그런 일들이 ________________ 복지를 후순위로 둔 것이 대표적이라고 할 수 있습니다.

2) 가: 사람이 너무 많아서 꽃구경은커녕 사람 구경만 실컷 하겠네요.
   나: 그러게 말이에요. 주말이니 어찌 ________________ 이 정도로 심할 줄은 몰랐어요.

3) 가: 체력과 정신력이 강한 우주 비행사들도 징크스를 버리지 못해 동전 점을 보거나 마스코트 인형을 가져가기도 한대.
   나: 진짜? 그들도 사람이니 ________________ 그렇게까지 한다니 의외네.

4) 가: 백화점 명품 코너 직원이 초라한 행색의 노부부를 문전박대했다면서요?
   나: 저도 그 뉴스 봤어요. 백화점 하루 매출이 어마어마하니 한두 명이 무슨 ________________ 겉모습만 보고 사람을 평가하면 곤란하죠.

연습 3 〈보기〉와 같이 문장을 완성하십시오.

보기

살면서 고생 한번 안 해 본 사람이 어디 있을까?	우리 할머니만큼 힘들게 살아오신 분도 없을 것 같다

→ 살면서 고생 한번 안 해 본 사람이 어디 있을까마는 우리 할머니만큼 힘들게 살아오신 분도 없을 것 같다.

1) 인생이 계획대로 되기만 한다면 무슨 걱정이 있을까?

→

2) 바빠서 잊고 지내는 것이 한둘일까?

→

3) 혼자 살면서 밥을 얼마나 자주 해 먹겠냐?

→

4) 세상에 돈을 싫어하는 사람이 어디 있겠냐?

→

5) 첫술에 배부르랴?

→

한 가지 더

이 문법은 반말(아주낮춤)로 반문하는 성질을 가지고 있기 때문에 자기보다 나이가 많거나 지위가 높은 사람에게 사용하는 것은 좋지 않습니다.

활동 다음 상황에 맞게 이야기해 봅시다.

한국에 와서 기억에 남는 일 이야기하기

- 내가 인정하는 것
  한국에서 2년이나 지냈기 때문에 당연히 기억에 남는 일이 한두 가지는 아닐 것임
- 특히 기억에 남는 일
  지갑을 잃어버려서 난처해하고 있는데 잃어버린 지 한 시간 만에 분실물 센터에서 전화를 받음

가: 한국에 와서 기억에 남는 일이 있어?

나: 여기 온 지도 벌써 2년이니 그런 일이 한둘일까마는 지갑을 잃어버렸다가 찾은 게 제일 기억에 남아.

가: 그래? 어떻게 찾았는데?

나: 지갑이 없어진 걸 알고 여기저기 찾아 헤매는데 한 시간 만에 분실물 센터에서 전화가 왔어. 지갑에 현금이 많았는데 못 찾았으면 큰일 날 뻔했어.

1 여행 준비물을 빠뜨린 친구에게 꼭 챙겨야 할 것 이야기하기

내가 인정하는 것

그래도 꼭 챙겨야 할 물건

2 헤어진 이성 친구를 쉽게 잊지 못하는 친구 위로하기

내가 인정하는 것

권하고 싶은 행동

25 명사 도 명사 나름이다

25

동민　오랜만이야. 개학해서 친구들 얼굴 보니까 좋긴 한데 방학이 끝나서 너무 아쉬워.

유진　방학도 방학 나름이야. 난 방학 내내 편의점에서 아르바이트만 했어. 필요한 돈을 모아서 좋긴 한데 이번에는 정말 바닷가 근처도 못 갔다니까.

동민　그랬구나. 너무 속상해하지 마. 다음 방학 때는 우리 친구들하고 같이 여행 가자.

어떤 대상이 그것에 대한 일반적인 인식과 다름을 나타낼 때 사용한다.

- 가: 네 동생은 볼 때마다 책을 읽고 있더라. 꽤 학구적인가 봐.
  나: 학구적이기는. 책도 책 나름이지. 맨날 만화책만 보는데 뭐.
- 가 : 박상규 씨가 갑자기 그렇게 큰 부자가 되다니 좀 부럽네.
  나 : 부자도 부자 나름인 것 같아. 땀 흘리지 않고 번 돈이 무슨 의미가 있겠어.
- 가: 우리들 중에 면허증 있는 사람이 민수 씨밖에 없는 것 같은데 이번 출장 때 운전 좀 부탁해 볼까요?
  나: 면허도 면허 나름이죠. 민수 씨 면허 따고 실제로 운전한 게 몇 번 안 되는 것 같던데요.
- 가: 햄버거 같은 패스트푸드는 피해야 할 음식으로 생각하기 쉬운데 이번에 새로 출시한 수제 버거는 좀 다르다면서요?
  나: 네. 패스트푸드의 오명을 벗기에 충분할 만큼 신선한 재료로 제대로 만들었습니다. 그야말로 햄버거도 햄버거 나름인 거죠.

연습 1 〈보기〉와 같이 바꾸어 말해 보십시오.

보기

집착에 가까운 사랑은 사랑이라고 할 수 없어.	부담스러운 사랑은 상대방을 행복하게 만들기는커녕 불행하게 만들 수 있어.

➜ 사랑도 사랑 나름이지. 부담스러운 사랑은 상대방을 행복하게 만들기는커녕 불행하게 만들 수 있어.

1)	맛집이라고 해서 음식이 다 맛있는 것은 아니야.	힘들게 찾아갔는데 음식 맛이 동네 식당만도 못해서 실망을 많이 했어.
2)	장난감 중에는 지나치게 폭력적인 것도 있어요.	어떤 장난감은 사람을 크게 다치게 할 수도 있더라고요.
3)	선물이라고 해서 다 좋은 뜻이 담겨 있는 것은 아닙니다.	대가를 바라고 주는 선물은 받지 않는 것이 더 낫습니다.
4)	취미 중에는 일반인이 하기에 위험한 것도 있어.	극한 스포츠 중에는 목숨을 잃을 정도로 위험한 것도 있어.

연습 2 다음에서 알맞은 어휘를 골라 대화를 완성하십시오.

관심	광고	기부	보약

1) 가: 자선 단체에서 일한 지 꽤 오래됐지요? 요즘 우리 사회에 나누는 문화가 정착된 것 같아요.
   나: ______________________. 사용할 수 없는 물건을 보내는 사람들도 많아요.

2) 가: 몸이 안 좋아서 보약 먹는다고 하더니 효과 좀 봤어?
   나: 효과는커녕 먹는 동안 배탈이 자주 나서 힘들었어. ______________________.

3) 가: 요즘 텔레비전 광고도 뮤직비디오나 영화 못지않게 잘 만드는 것 같아.
   나: 그렇긴 해. 하지만 ______________________. 어떤 건 너무 자극적이더라고.

4) 가: 이번에 어학연수 가서 홈스테이 했다고 들었는데 어땠어요?
   나: 주인 분들이 관심을 갖고 따뜻하게 대해 주시긴 했는데 사생활에 간섭을 좀 많이 하셔서 불편하더라고요. ______________________.

연습 3 〈보기〉와 같이 문장을 완성하십시오.

보기	거짓말	선의의 거짓말은 경우에 따라서 필요하다고 생각하다

➜ 거짓말도 거짓말 나름인 것 같아요. 선의의 거짓말은 경우에 따라서 필요하다고 생각해요.

1) 배우

➜

2) 명품

➜

3) 질문

➜

4) 아이디어

➜

5) 승진

➜

메모

활동 다음 상황에 맞게 이야기해 봅시다.

수긍할 수 없는 판정에 대해 불만 표시하기

- 판정에 대한 일반적인 생각
  선수는 심판의 판정을 받아들여야 함
- 반박
  공정하지 않은 판정은 인정할 수 없음

가: 어제 경기는 아쉬웠어. 마지막 골 찬스가 있었는데 놓쳤잖아.

나: 골 찬스를 놓친 게 아냐. 상대팀이 반칙을 해서 우리가 골 넣을 기회를 뺏긴 거지.
왜 심판은 그 반칙을 눈감아 준 거야? 그리고 우리 팀 감독은 더 강하게 항의를 했어야지.

가: 심판의 판정은 존중해야 하지 않을까? 선수들은 심판의 판정을 받아들여야 한다고 생각해.

나: 판정도 판정 나름이야. 공정하지 않은 판정은 인정할 수 없어.

1 무례한 손님에 대해 이야기하기

손님을 대하는 일반적인 태도 ....

반박 ....

2 무모한 행동을 용기라고 착각하는 친구에게 조언하기

용기에 대한 일반적인 생각 ....

반박 ....

26 동사 (으)ㄴ/는/(으)ㄹ 데

26

해설사 이것은 고려시대의 청자정병인데요. 종교 의식을 진행하는 데 쓸 물을 담아 두던 것입니다.

관람객 오른쪽에 튀어 나와 있는 것은 손잡이인가요? 아니면 물이 나오는 곳인가요?

해설사 거기는 물을 넣는 곳이에요. 물이 나오는 데는 병 위쪽으로 길게 뻗은 부분입니다. 손잡이는 따로 없고요.

관람객 그렇군요. 주전자 같기도 하고 꽃병 같기도 하고 여러모로 신기하네요.

앞에서 말하는 장소나 부분 등을 나타낼 때 사용한다.

- 가: 얼굴이 창백해 보여요. 어디 안 좋은 데라도 있어요?
  나: 어제 발표 준비하느라 잠을 거의 못 자서 그래요. 특별히 아픈 데는 없어요.
- 가: 열 명 정도 되는 인원이 간단히 식사하면서 회의할 데가 근처에 있을까요?
  나: 저희 팀이 가끔 가는 데가 있는데요. 방도 따로 있어서 괜찮더라고요.
- 새끼 고양이가 사람의 손발을 세게 물 때는 장난감을 이용해 관심을 다른 데로 돌리는 게 좋습니다.

'동작동사 는 데'의 형태로 쓰여 앞에서 말하는 일이나 상황을 나타낼 때 사용한다.

- 가: 작가님께서는 책 한 권을 쓰는 데 시간이 얼마나 걸리십니까?
  나: 매번 다릅니다. 이번에는 자료 수집에 1년, 집필하는 데 6개월쯤 걸렸습니다.
- 가: 골목 상권을 살릴 방안에 대해 더 말씀해 주시겠습니까?
  나: 특색 있는 작은 가게는 골목길을 활성화하는 데 큰 역할을 합니다. 따라서 운영에 어려움을 겪는 작은 가게가 있다면 적절한 지원을 하여 살아남도록 도와야 합니다.
- 축제를 앞두고 친구가 춤 연습할 장소를 구하는 데 어려움을 겪고 있어요.
- 그 식당은 실패를 거듭한 끝에 마침내 현지인의 입맛을 사로잡는 데 성공했습니다.

연습 1 〈보기〉와 같이 연결하여 말해 보십시오.

보기	집에 있는 재료를 확인하고 장을 보러 가면 필요한 만큼만 사게 되어 이 일에 도움이 된다.	음식물 쓰레기를 줄이다

➡ 집에 있는 재료를 확인하고 장을 보러 가면 필요한 만큼만 사게 되어 음식물 쓰레기를 줄이는 데 도움이 된다.

1)	처음에는 이 일에 동의하는 사람이 별로 없었어요.	마을 도서관을 목조 건물로 짓다
2)	고등학생 때 저는 이 일에 용돈을 다 쓰곤 했습니다.	새로 나온 플라모델을 사 모으다
3)	컴퓨터가 낡기는 했지만 이 일에는 아무런 문제가 없어요.	문서를 작성하고 편집하다
4)	이 일에 익숙한 세대가 등장하면서 기업은 SNS를 적극적으로 마케팅에 활용하게 되었다.	SNS로 소통하다
5)	보통 이 일에는 20여 년이 소요되지만 사탕수수는 매년 수확할 수 있어 종이 제작에 드는 시간과 비용을 획기적으로 줄일 수 있다.	종이의 원료가 되는 나무 한 그루를 기르다

연습 2 다음에서 알맞은 표현을 골라 대화를 완성하십시오.

흠잡다	으슥하다	입안이 헐다	손에 닿지 않다

1) 가: 밤에 지하철역에서 기숙사까지 가려면 무섭지 않아?
   나: 괜찮아. ____________ 한 군데 있었는데 얼마 전에 구청에서 가로등을 새로 설치했더라고.

2) 가: 입천장에 염증이 생겼는지 너무 아파서 며칠째 밥도 제대로 못 먹고 있어요.
   나: 저한테 ____________ 바르는 약이 있는데 빌려 줄까요? 바르는 순간에는 견딜 수 없이 아프지만 효과가 빨라요.

3) 가: 와, 이 가수는 목소리가 정말 특별하다. 분위기 있는데.
   나: 그렇지? 게다가 깊고 부드러운 저음부터 아주 높은 고음까지도 소화하거든. 음색이나 가창력이나 ____________ 없어.

4) 가: 자려고 누웠다가도 무의식중에 스마트폰을 집어 들곤 해요. 그러면 꼭 새벽까지 보다가 자게 되고요.
   나: 스마트폰을 ____________ 두면 한결 나아요. 잠깐만 볼까 하다가도 귀찮아서 관두게 되거든요.

연습 3 〈보기〉와 같이 문장을 완성하십시오.

보기

이 일에 8분 정도 걸리므로 우리는 늘 8분쯤 전의 태양을 보고 있는 셈이다	태양에서 방출된 빛이 지구에 도달하다

➜ 태양에서 방출된 빛이 지구에 도달하는 데 8분 정도 걸리므로 우리는 늘 8분쯤 전의 태양을 보고 있는 셈입니다.

1) | 적립된 포인트는 이 일에 사용할 수 있다 | |

➜

2) | 나는 이 일에 서툴러서 불편할 때가 많다 | |

➜

3) | 기후변화협약은 여기에 목적이 있다 | |

➜

4) | 유학 시절에 늘 시간이 부족했지만 그래도 이 일에는 시간과 노력을 아끼지 않았다 | |

➜

5) | 주차되어 있던 차량의 블랙박스가 이 일에 가장 큰 역할을 했다 | |

➜

메모

활동 다음 상황에 맞게 이야기해 봅시다.

주변 사람의 특별한 능력에 대해 말하기

- 동생
  나무로 생활 소품을 만들다
- 친구
  우울한 사람의 마음을 풀어 주다

가: 제 주변에는 특별한 능력을 가진 사람이 많아요. 특히 제 동생은 나무로 생활 소품을 만드는 데 재능이 있어요. 그래서 집안 곳곳에 동생이 직접 만든 소품이 많아요.

나: 그래요? 대단하네요. 저도 다른 사람의 마음을 위로하는 데 특별한 능력이 있는 친구를 알아요. 우울한 날 그 친구를 만나서 대화를 하면 마음이 편안해지곤 해요.

1 성공 사례 이야기하기

사례 1

사례 2

2 글의 목적 소개하기

보고서의 목적

기획 기사

27 동사 (으)니/느니 동사 (으)니/느니 (하다)

🎧 27

선배 입사 시험에서 최종 합격했다면서? 이제 곧 첫 출근 하겠네. 정말 축하한다.

후배 고마워요. 그런데 그 회사를 다녀야 할지 좀 고민이 돼요. 월급은 괜찮은데 실제 일하는 사람들 얘기를 들어 보니 야근도 많은 데다가 근무 조건도 썩 좋지 않은가 봐요.

선배 모든 게 다 좋은 회사는 없는 것 같아. 회사가 좋으니 나쁘니 해도 일단 합격했으니 경험 삼아 한번 다녀 보는 게 어때?

서로 상반되는 내용이나 다양한 의견을 나열할 때 사용한다.

- 가: 여러 사람들과 여행을 가는 게 쉽지가 않은 것 같아.
  나: 맞아. 날짜를 잡으려고 해도 되느니 안 되느니 말이 많아 결정하기가 힘들더라고.
- 과정이 중요하니 동기가 중요하니 하면서도 결과로만 사람을 평가하는 것 같아 씁쓸하다.
- 단순히 경제 지표만을 놓고 정부가 잘했느니 못했느니 하는 것은 바람직하지 않습니다.
- 아내는 나더러 매일 영양제를 챙겨 먹으라느니 운동을 하라느니 하면서 잔소리를 해.

관용적으로 '뭐니 뭐니 해도', '이러니저러니' 등의 표현을 자주 쓴다.

- 뭐니 뭐니 해도 부모님의 마음을 편하게 해 드리는 것이 가장 큰 효도가 아닐까요?
- 석연치 않은 판정을 놓고 양 팀 팬들은 이러니저러니 말들이 많았다.
- 그 커플은 헤어진다느니 어쩐다느니 하더니 우여곡절 끝에 다시 만나고 있는 것 같아요.

연습 1 〈보기〉와 같이 연결하여 말해 보십시오.

보기	태풍이 온다는 소식에 휴가를	가다 | 말다	쉽게 결정을 내리지 못했다.

➡ 태풍이 온다는 소식에 휴가를 가느니 마느니 하면서 쉽게 결정을 내리지 못했다.

1)	감사의 의미로 준 돈에 대해	많다 | 적다	따지는 것은 좋지 않다.
2)	이미 진상이 밝혀진 일을 이제 와서	사실이다 | 거짓이다	논할 필요가 없어요.
3)	친구들은 월드컵 조 편성이	잘됐다 | 아니다	의견을 달리했다.
4)	산에 오르던 사람들은 날씨가 나빠지자	되돌아가자 | 계속 올라가자	실랑이를 벌였습니다.
5)	고향에 계신 부모님은 전화 통화만 하면	밥은 잘 먹느냐 | 잠은 잘 자느냐	걱정을 하세요.

연습 2 다음에서 알맞은 표현을 골라 대화를 완성하십시오.

밉다 / 곱다	성격이 좋다 / 인상이 좋다
전망이 좋다 / 빛이 잘 들다	보증금을 내리다 / 공공 주택을 늘리다

1) 가: 언니가 요즘 소개팅을 자주 한다던데 좋은 사람 만났나?
   나: 소개 받은 사람이 ______________________ 하면서 만족하던데.

2) 가: 어렸을 때는 그렇게 많이 싸웠는데 막상 동생이 이민을 가니 너무 허전해.
   나: 그러게. ______________________ 해도 형제자매만큼 애틋한 게 없어.

3) 가: 새 집을 구하신다면서요? 맘에 드는 집은 찾으셨어요?
   나: 어제 본 집이 제일 끌리더라고요. 아내도 ______________________ 하면서 흡족해했고요.

4) 가: 너희 지역은 주거 안정을 위해 주민들이 어떤 의견을 내고 있어?
   나: 아마 다른 지역과 비슷할 거야. ______________________ 하는 의견들이 많아.

연습 3 〈보기〉와 같이 문장을 완성하십시오.

보기

시험이	쉽다 | 어렵다	열심히 공부한 사람들은 합격하기 마련이다

➔ 시험이 쉬우니 어려우니 해도 열심히 공부한 사람들은 합격하기 마련이다.

1)	고향 가는 길이	멀다 | 가깝다	
2)	임신 소식을 알리자	아들이다 | 딸이다	
3)	외국에서 공부하는 것이	|	해 볼 만한 것 같다
4)	의원들은 선거법 개정안을 놓고	|	의견 대립을 보이다
5)	사람들은 이번 전시회가	|	

1) ➔

2) ➔

3) ➔

4) ➔

5) ➔

메모

활동 다음 상황에 맞게 이야기해 봅시다.

관광지에 대한 사람들의 반응 소개하기

- 관광지
  제주도
- 반응
  풍경이 이국적이다
  맛집이 많다

가: 사람들은 제주도 가는 걸 왜 그렇게 좋아해?

나: 풍경이 이국적이라느니 맛집이 많다느니 하면서 많이들 가더라고. 너 여행 간다더니 제주도 가려고?

가: 응. 사람들이 좋다고 하니까 나도 꼭 한번은 가 봐야 하지 않을까?

나: 제주도에 가서 뭐 하고 싶은데?

가: 올레길이 좋다고 하니까 거기 걸어 보고 싶어.

1 외국어 교육 과정을 마친 친구들의 소감 전하기

외국어

소감

2 새로 출시된 제품 평가하기

제품

평가

28 동작동사 느니만 못하다

28

준서 제가 정말 가고 싶은 회사가 있는데 자기소개서를 어떻게 작성해야 좋은 인상을 줄 수 있을까요?

취업 상담사 직무와 관련 없는 경험을 부각시키거나 남들과 비슷한 경험을 그냥 나열하는 건 쓰지 않느니만 못합니다. 그러니까 업무 관련 전문성을 키우기 위해 꾸준히 노력한 경험에 집중해서 써 보세요.

어떤 행위나 상황이 비교 가능한 다른 행위보다 만족스럽지 않음을 나타낼 때 사용한다.

- 가: 나 이번 공모전 포기할까 해. 반 정도 했는데 진도가 안 나가네.
  나: 한국 속담에 가다 말면 안 가느니만 못하다는 말이 있어. 이왕 시작한 거니까 포기하지 말고 끝까지 해 봐.
- 가: 인터넷에서 보고 '레몬 디톡스'에 도전했다가 위염이 생겨서 한참 고생했어.
  나: 정확하지 않은 의학 정보를 무턱대고 따라하는 건 하지 않느니만 못해. 오히려 건강을 해칠 수 있거든.
- 정수기는 필터를 제대로 관리하지 못하면 사용하지 않느니만 못합니다.
- 해외 명문 팀에 들어가더라도 주전으로 뛰지 못해 경기력이 떨어진다면 국내 팀에서 경험을 쌓느니만 못하다.
- 사람이 많은 휴가철에 여행을 가는 건 그냥 집에서 쉬느니만 못해요.

연습 1 〈보기〉와 같이 바꾸어 말해 보십시오.

보기 아무리 좋다는 화장품이라도 자기 피부에 맞지 않으면 쓰지 않는 것이 더 좋다.

➔ 아무리 좋다는 화장품이라도 자기 피부에 맞지 않으면 쓰지 않느니만 못하다.

1) 무엇이든 지나친 것은 모자란 것보다 못합니다.

2) 이렇게 준비가 덜 된 상태라면 개업을 늦추는 것이 더 좋을 듯해요.

3) 새로운 정책이 소수의 부유층만을 위한 것이라면 실시하지 않는 것이 낫다.

4) 실현 가능성이 희박한 목표에 매달리는 것은 애초에 시작을 하지 않는 것보다 못합니다.

5) 어학연수를 가서 같은 언어권의 친구들하고만 어울린다면 그냥 국내에서 공부하는 것이 더 나아요.

연습 2 다음에서 알맞은 표현을 골라 대화를 완성하십시오.

소포장 제품을 사다	제도를 시행하지 않다
리메이크는 하지 않다	꽃 하나가 그려져 있다

1) 가: 다음 달부터 우리 회사도 복장 간소화를 시행한다면서요? 그러면 옷 입는 게 좀 편해지겠죠?

나: 그러면 좋겠는데 우리 부서에 보수적인 상사들이 있어서 걱정이에요.
그분들이 옷차림에 간섭한다면 ______________________.

2) 가: 보통 꽃 그림에는 나비가 있는데 모란꽃 그림에만 나비가 없네요. 무슨 특별한 이유가 있을까요?

나: 네. 나비는 '80세', 모란은 '부귀'를 의미하기 때문에 이 둘을 함께 그리면 80세까지만 부귀를 누리라는 뜻이 된대요. 그래서 그림에 모란과 나비가 같이 있는 건 ______________________.

3) 가: 이걸로 사려고? 양도 적은데 가격이 너무 비싼 거 같아.

나: 나 같이 혼자 사는 사람에게는 이런 게 나아. 싸다고 많이 샀다가 다 먹지도 못하고 버리는 건
그냥 ______________________.

4) 가: 이번에 개봉한 영화 봤어? 원작의 감동을 기대하고 봤는데 정말 실망스럽더라.

나: 맞아. 연출이며, 배우들의 연기며 무엇 하나 만족스러운 게 없더라고.
어설픈 ______________________ 사실만 증명한 셈이지.

연습 3 〈보기〉와 같이 문장을 완성하십시오.

보기	체질에 맞지 않는 약은	부작용이 생길 수 있기 때문에	안 먹는 것이 좋다

➜ 체질에 맞지 않는 약은 부작용이 생길 수 있기 때문에 안 먹느니만 못하다.

1)	저가 렌즈를 사용한 선글라스는	시력에 악영향을 줄 수 있기 때문에	
2)	요가는 초기에 잘못 배우면	자세 교정이 어려우므로	
3)	무리하게 운동하는 건		
4)	건물의 안전 진단이 형식적으로 이루어진다면		
5)	진심이 담기지 않은 사과는		

1) ➜

2) ➜

3) ➜

4) ➜

5) ➜

메모

활동 다음 상황에 맞게 이야기해 봅시다.

친구의 생활 태도에 대해 조언하기

- 친구의 잘못된 생활 태도
  아침에 일찍 일어나지 못해 학교에 지각하는 일이 잦다
- 내 생각
  계속 그럴 거면 차라리 고향으로 돌아가는 것이 낫다

가: 너 오늘도 지각했지? 요즘 지각이 너무 잦은 거 아니야?

나: 밤에 늦게 자서 그런지 아침에 일찍 일어나는 게 너무 힘들어.

가: 너 공부하려고 한국에 온 거잖아. 매일 학교에 늦게 와서 수업을 제대로 듣지 못하면 차라리 고향으로 돌아가느니만 못해. 그러니까 늦게 자는 습관을 바꾸려고 노력해 봐.

나: 알았어. 노력해 볼게.

1 친구에게 독서 방법 조언하기

친구의 잘못된 독서 습관 ....

내 생각 ....

2 친구의 소비 습관에 대해 충고하기

친구의 잘못된 소비 습관 ....

내 생각 ....

29 동사 (으)ㄴ/는/(으)ㄹ 판에

29

준서 영화 진짜 재미있었지? 눈 깜짝할 사이에 두 시간이 지나간 것 같아.

한나 응. 마지막에는 정말 울컥했어. 주인공이 불길로 뛰어들 때 나도 모르게 눈물이 나더라고.

준서 그렇지. 자기도 죽을 판에 다른 사람들을 살리겠다고 나서는 게 어디 쉬운 일이겠어?

한나 맞아. 내가 주인공이라면 그렇게 희생정신을 발휘하기 어려웠을 것 같아.

부정적인 상황이나 처지에 놓여 있음을 나타낼 때 사용한다. 후행절에는 주로 앞의 내용과 어울리지 않는 상황이 제시된다.

- 가: 세종대왕이 한글을 창제하신 데에는 애민정신이 가장 크게 작용했다면서요?
  나: 네. 백성들이 먹고 살기도 힘든 판에 어려운 한자 공부까지 한다는 건 무리였죠. 그래서 읽고 쓰기 쉬운 한글을 만드신 거예요.
- 위급한 환자를 이송해야 해서 일분일초가 아쉬운 판에 불법 주차된 차량을 옮기느라 시간을 허비했다.
- 상대 팀 실력이 뛰어나 승리를 장담할 수도 없는 판에 저렇게 어이없는 실수를 하다니요.
- 대형 마트가 들어서면서 인근 상점과 재래시장은 손님이 끊겨 파리만 날릴 판이에요.

'모자라다', '시원찮다' 등의 동사와 어울려 앞의 내용대로 해야 하는 상황임을 나타낸다. '동사 아도/어도 모자랄 판에', '동사 아도/어도 시원찮을 판에'의 형태로 쓴다.

- 가: 우리 옆집에 사는 신혼부부는 일주일에 두세 번은 싸우는 것 같아.
  나: 매일 사랑하며 살아도 모자랄 판에 그럴 거면 차라리 헤어지는 게 낫지 않을까?
- 가: 나 지하철역까지만 좀 태워 줘. 어, 근데 차 문이 왜 이래? 흠집 생겼네.
  나: 주차장에서 옆 차 운전자가 문을 열다가 그랬는데 사과를 해도 시원찮을 판에 오히려 큰소리를 치더라고요.

연습 1 〈보기〉와 같이 연결하여 말해 보십시오.

보기	있는 옷도 다 못 입고 있다	또 새 옷을 산다는 게 이해가 안 돼요.

▶ 있는 옷도 다 못 입고 있는 판에 또 새 옷을 산다는 게 이해가 안 돼요.

1)	제시간에 회의를 시작해도 언제 끝날지 모르겠다	한 시간이나 지각을 하면 어떡해요?
2)	동생이 투자금을 회수하지 못해 지금 형편이 어렵다	다른 사업에까지 손을 대려고 하니 큰일이에요.
3)	공약을 알리는 일에 매진해도 부족하다	상대 후보를 깎아내리기에만 급급하니 한심하네요.
4)	주인공이 정신을 차리고 복수에만 신경 써도 시원찮다	악당과 사랑에 빠지는 걸 보면서 정말 비현실적이라고 느꼈어요.
5)	관계 부서가 협력해서 사고 수습을 해도 될까 말까 하다	서로에게 책임만 떠넘기고 있다.

연습 2 다음에서 알맞은 표현을 골라 대화를 완성하십시오.

골치가 아프다	한 푼이 아쉽다	채널이 돌아가다	귀에 못이 박히다

1) 가: 무슨 일 있어? 안색도 안 좋고 피곤해 보여.
나: 중요한 계약이 깨져서 ______________ 이사 갈 집도 알아봐야 하니까 힘드네.

2) 가: 너 결혼은 언제 할 거야? 나이도 있는데 더 늦으면 안 되지.
나: 친척들한테서 결혼 얘기를 하도 들어서 ______________ 선배까지 그러실 거예요?

3) 가: 쉬는 날도 없이 식당 문을 여세요? 그러다 쓰러지시겠어요.
나: 어쩔 수 없죠. 은행에서 대출 받은 돈이 있어서 ______________ 쉴 수는 없잖아요.

4) 가: 요즘 코미디 방송을 보면 내용도 너무 식상하고 풍자하는 맛도 없는 것 같아.
나: 맞아. 조금만 지루해도 ______________ 아직도 그런 예능이 나오다니.

연습 3 〈보기〉와 같이 문장을 완성하십시오.

보기

차를 30분만 타도 멀미가 나다	제주도까지 배로 간다니 엄두가 안 나다

➔ 차를 30분만 타도 멀미가 나는 판에 제주도까지 배로 간다니 엄두가 안 나네요.

1)

국가를 대표해서 올림픽에 출전하는 것만으로도 어깨가 무겁다	

➔

2)

플라스틱 빨대를 쓰지 말자는 캠페인에 초등학생들도 동참하다	

➔

3)

클래식 공연 중에는 작은 소리만 나도 방해가 되다	

➔

4)

	그렇게 돈을 물 쓰듯 하면 금세 바닥나다

➔

5)

	자세한 정보를 알아보지 않고 추진하는 건 위험하다

➔

메모

활동 다음 상황에 맞게 이야기해 봅시다.

귀가 얇은 친구에게 한마디 하기

- 친구의 상황
  홈쇼핑으로 세제를 구입하다
- 내 의견
  지금 있는 것도 다 못 쓸 것 같은데 또 산 걸 보니 어이없다

가: 이거 어때? 홈쇼핑에서 산 건데 괜찮지?

나: 또 샀어? 지난번에 산 것도 아직 많이 남아 있잖아.

가: 이건 다른 회사 거야. 다섯 개 사면 두 개 더 준다길래 바로 샀지. 그리고 이게 훨씬 더 그릇이 잘 닦이는 것 같아.

나: 아무리 그래도 그렇지. 있는 것도 다 못 쓸 판에 또 사면 어떡해?

1 끼니를 잘 안 챙기는 친구에게 한마디 하기

친구의 상황 ....

내 의견 ....

2 급한 상황에서도 느긋해 보이는 친구에게 한마디 하기

친구의 상황 ....

내 의견 ....

30 동사 (으)ㄴ/는/(으)ㄹ 바

30

진행자 이번 작품은 인기 있는 소설을 무대에 올려 화제가 되었는데요. 원작을 극화하는 과정에서 특별히 중점을 두신 부분이 무엇인가요?

연출가 저는 작가가 추구하는 바를 현재 시점에서 새롭게 해석하고자 했습니다.

진행자 그렇다면 관객들이 이야기를 지금의 관점에서 좀 더 쉽게 이해할 수 있겠군요.

앞말의 내용 그 자체나 일, 사실 등을 나타낼 때 사용한다. 격식을 갖춰야 하는 상황이나 문어에서 주로 쓴다.

- 가: 어제 회의에서는 무슨 중요한 안건이라도 있었습니까?
  나: 저도 참석하지 못해서 내용에 대해 아는 바가 없습니다.
- 화가 김승수의 작품은 정치적인 이유로 그의 생전에 자세히 연구된 바가 없다.
- 최근의 성과는 현재 우리 교육이 지향할 바를 제시하는 이정표가 될 것입니다.
- 유엔이 조사한 바에 따르면 최근 100년간 약 75%의 곡물 종이 사라졌다고 한다.

'동작동사 는 바이다'의 형태로 자기주장을 강조하여 말할 때 사용한다.

- 우수 고객을 집중 관리해야 한다는 이 대리님의 의견에 저도 동의하는 바입니다.
- 우리는 정당방위로 범인에게 상해를 입힌 경찰관에 대해 선처를 요구하는 바입니다.

'어찌할 바를 모르다, 몸 둘 바를 모르다'의 형태로 어떤 감정 상태에서 일의 방법이나 방도를 찾지 못함을 나타낼 때 사용한다.

- 사람들은 불이 난 건물을 바라보며 어찌할 바를 모르고 발만 동동 굴렀다.
- 당연한 일을 한 것인데 이렇게까지 칭찬을 들으니 몸 둘 바를 모르겠습니다.

연습 1 〈보기〉와 같이 연결하여 말해 보십시오.

보기	이번 특강을 들으면서 느낀 것이 있다	그것을 말씀드리자면 다음과 같습니다.

→ 이번 특강을 들으면서 느낀 바를 말씀드리자면 다음과 같습니다.

1)	우리가 원하는 것이 있다	그것이 받아들여진다면 조용히 물러날 것이다.
2)	앞서 공지한 것이 있다	그것대로 연수 일정을 진행하겠습니다.
3)	많은 비평가들이 그의 유작에 대해 호평했다	그러한 일이 있다.
4)	위기 상황에서 자신이 해야 할 일이 있다	그것을 잘 아는 사람이 현명한 사람이다.
5)	위에서 언급한 것이 있다	그것과 같이 하나의 어휘가 한 가지 의미로만 사용되는 것은 아니다.

연습 2 다음에서 알맞은 어휘를 골라 문장을 완성하십시오.

다르다	밝히다	약속하다	주장하다

1) 가: 출퇴근 시간대 지하철은 그야말로 지옥이나 ________________ 없네요.
   나: 맞아요. 저도 30분 남짓 타고 온 것뿐인데도 온몸이 뻐근하더라고요.

2) 가: 논설문을 읽을 때 주의해야 할 점에는 무엇이 있을까요?
   나: 글쓴이가 ________________ 무엇인지 먼저 파악하는 것이 중요합니다.

3) 가: 두 번째 정상 회담이 성사될 수 있었던 배경은 무엇입니까?
   나: 두 정상은 지난 만남에서 필요하다면 언제든지 만나 중대사를 논의하자고 ________________ 있습니다. 그것이 직접적인 계기가 되었습니다.

4) 가: 이번 사건에 어떻게 대처할 방침이십니까?
   나: 이미 여러 차례 ________________ 같이 소속 연예인에 대한 허위 사실 유포 및 명예 훼손 등에 대해 강력한 법적 조치를 취할 예정입니다.

연습 3 〈보기〉와 같이 문장을 완성하십시오.

보기 이미 헤어진 사람이야 결혼을 하든 말든 | 내가 상관할 바 아니다

→ 이미 헤어진 사람이야 결혼을 하든 말든 내가 상관할 바 아니다.

1) 그 사람에 대해 전혀 모르는 바는 아니지만 | ______

→

2) ______ | 특별 휴가를 주겠다고 약속한 바 있다

→

3) 최근 기상청이 발표한 바에 따르면 | ______

→

4) ______ | 시급히 해결되어야 한다고 주장하는 바이다

→

5) ______ | 몸 둘 바를 모르다

→

메모

활동 다음 상황에 맞게 이야기해 봅시다.

자신의 경력 소개하기

- 상황
  기업체 면접
- 경력 사항
  IT 관련 기업에서 6개월간 인턴으로 일함

가: 재학 중에 했던 교외 활동이나 특별한 경험이 있으면 얘기해 보시겠어요?

나: IT 관련 기업에서 6개월간 웹디자인 업무를 수행한 바가 있습니다.

가: 여기 이력서를 보니까 그 외에도 다수의 경험이 있네요.

나: 네. 무슨 일이든 기회가 있으면 해 보려고 노력했습니다.

1 수상 경험 이야기하기

상황

경험

2 어떤 감정이 지나쳐서 생긴 일 이야기하기

상황

경험

KYUNG HEE KOREAN

경희한국어 고급 2 문법

부록

모범 답안

문법 색인

1 동사 (으)나 동사 (으)나

연습 1
1) 부모에게 자식은 나이가 적으나 많으나 항상 보살핌이 필요한 존재로 느껴진다.
2) 경기가 좋지 않아서 그런지 일상용품 가격이 싸나 비싸나 구매자가 많지 않습니다.
3) 관람객이 많은 시간이 아니니까 예약을 하나 안 하나 입장이 가능할 거예요.
4) 당분간 주식 가격의 변동 요인이 없기 때문에 오늘 사나 내일 사나 큰 차이가 없어요.
5) 특별 소비세가 인하되어서 국산차나 수입차나 매출 증가가 뚜렷하게 나타났다.

연습 2
1) 자나 깨나
2) 쓰나 벗으나
3) 추우나 더우나
4) 있으나 없으나

연습 3
1) 회의를 길게 하나 짧게 하나 피곤하기는 마찬가지야.
2) 음식을 조금 하나 많이 하나 힘들게 준비해야 하는 건 똑같아요.
3) 집에서나 학교에서나 사용 가능한 실용적인 노트북이 필요하다.
4) 아침에 오나 저녁에 오나 오기만 하면 상관없습니다.
5) 이메일로 보내나 우편으로 보내나 제출 기한 안에만 접수하면 괜찮아요.

2 명사 (이)야

연습 1
1) 말이야 누구나 할 수 있지만 그것을 실천하는 것은 쉽지 않다.
2) 부모야 어린 자식이 뭘 하든 이해해 주지만 다른 사람들은 그렇지 않을걸요.
3) 몸에 생긴 상처야 시간이 지나면 아물겠지만 마음에 생긴 상처는 쉽게 치유되지 않을 것이다.
4) 작품의 완성도를 높일 수만 있다면 며칠 밤새우는 것 정도야 문제도 아니지.
5) 나 하나쯤이야 괜찮겠지 하는 생각으로 불법 주차를 하는 사람들이 많다.

연습 2
1) 이 정도 문제야
2) 이동하기야
3) 식구들 걱정이야
4) 안 오는 것보다야

연습 3
1) 단순한 업무야 인공 지능 로봇으로 대체할 수 있지만 창의력이 필요한 업무는 그렇게 하기 어렵다.
2) 친한 친구에게야 고민을 털어 놓을 수 있는데 부모님께는 쉽게 그러지 못할 것 같아요.
3) 퇴근 시간이야 이미 지났지만 일이 많아서 야근하고 있어.
4) 치킨 한 마리야 혼자서 거뜬히 먹을 수 있는데 피자 한 판은 혼자서 못 먹겠더라고요.
5) 번역 일이야 얼마든지 도와줄 수 있으니까 내 도움이 필요하면 언제든지 연락해.

모범 답안

3 동사 (으)ㄴ가/는가 하면

연습 1
1) 직설적으로 말하는 사람들은 주변에서 솔직하다는 평가를 받는가 하면 건방지다는 평가를 듣기도 한다.
2) 요즘 광고는 영상 기술로 소비자의 호기심을 유발하는가 하면 감성적인 스토리로 소비자에게 감동을 주기도 해요.
3) 반복되는 일상은 늘 비슷하기에 지루한가 하면 큰 무리가 없기에 편안하기도 합니다.
4) 예술가처럼 창의력을 발휘해야 하는 직업이 있는가 하면 심리 치료사처럼 공감 능력이 뛰어나야 하는 직업도 있다.

연습 2
1) 짜증을 내는가 하면
2) 힘을 보태는가 하면
3) 유전적 요인이 있는가 하면
4) 격려를 하는가 하면

연습 3
1) 머리를 끄덕이는 행위는 어떤 나라에서는 긍정의 의미가 있는가 하면 어떤 나라에서는 부정의 의미를 가진다.
2) 위기 상황에 처했을 때 어떤 사람들은 당황해서 우왕좌왕하는가 하면 어떤 사람들은 침착하게 대처합니다.
3) 요즘에는 음성 인식 인공 지능 기기를 사용해서 날씨를 물어보는가 하면 듣고 싶은 노래를 틀어 달라고 하기도 한다.
4) 아날로그 감성을 그리워하는 사람들은 전자책 대신 종이책을 읽는가 하면 디지털 카메라 대신 필름 카메라로 사진을 찍더라고요.
5) 사람마다 잠버릇이 달라서 잠을 잘 때 어떤 사람들은 코를 고는가 하면 어떤 사람들은 잠꼬대를 하기도 한다.

4 동사 거니와

연습 1
1) 백색 소음은 집중력도 높여주거니와 마음을 차분하게 해 주는 효과도 있다고 해요.
2) 이 정도 업무라면 부담도 적거니와 눈 감고도 충분히 할 수 있지.
3) 우리만의 색다른 결혼식을 만들고 싶거니와 예식 비용도 줄이고 싶어서 스몰 웨딩으로 했어요.
4) 한반도의 평화 문제는 여야 간의 정치적 쟁점이 되어서도 안 되거니와 더 이상 미루어서도 안 됩니다.
5) 명곡은 예나 지금이나 감동적이거니와 세대를 아우르는 힘도 있다고 봅니다.

연습 2
1) 영양분도 풍부하거니와
2) 보안도 뛰어나거니와
3) 입에도 잘 맞거니와
4) 엄두도 안 났거니와

연습 3
1) SNS를 통해 가짜 뉴스가 확대되면 진실이 묻혀 버릴 수 있거니와 사회의 혼란을 초래하게 됩니다.
2) 건축가가 건물을 설계할 때 실용성과 아름다움은 기본이거니와 주변 환경과의 조화도 고려해야 한다.
3) 플라스틱 쓰레기는 바다 생물의 멸종 위기를 불러일으키는 주범이거니와 인간의 생존에도 큰 위협이 된다.
4) 저가 항공은 기내 서비스가 거의 없거니와 좌석도 좁아서 이용하기에 불편하다는 단점이 있습니다.
5) 인터넷 1인 방송은 적은 비용으로 제작할 수 있거니와 소재에 제한이 없어서 누구나 도전해 볼 수 있어요.

5 동사 (으)ㄴ/는 와중에

연습 1
1) 많은 중소기업들이 인력난에 시달리는 와중에 지원 정책마저 축소되면 경영에 타격을 받을 수밖에 없다.
2) 안 그래도 일손이 부족한 와중에 예정에 없던 단체 손님까지 몰려와 정신이 하나도 없었어요.
3) 한 버스 기사가 교통사고로 크게 다친 와중에도 승객을 구하기 위해 동분서주했다고 합니다.
4) 중요한 서류를 잃어버려 여기저기 찾아 헤매던 와중에 지갑은 또 어디에 흘렸는지 보이지가 않더라고요.

연습 2
1) 논란이 계속되는 와중에
2) 충격을 받은 와중에도
3) 손님맞이로 분주한 와중에도
4) 애를 태우던 와중에

연습 3
1) 짐 정리가 안 돼서 어수선한 와중에 아이들까지 뛰어다녀서 더 정신이 없었어요. /
짐 정리가 안 돼서 어수선한 와중에도 이웃집에 사는 사람들에게 인사를 하러 다녔다.
2) 오랫동안 준비한 시험에서 떨어져 힘든 와중에 몸살까지 겹쳐서 고생했어요. /
오랫동안 준비한 시험에서 떨어져 힘든 와중에도 좌절하지 않고 다시 도전하기 위해 마음을 다잡았습니다.
3) 선착순 할인 행사로 사람들이 몰려드는 와중에 먼저 가려고 밀치는 사람들 때문에 사고가 날 뻔했다. /
선착순 할인 행사로 사람들이 몰려드는 와중에도 아무런 관심을 보이지 않는 사람들도 있더라고요.
4) 지진으로 건물이 붕괴된 와중에 태풍이 온다는 소식에 사람들이 망연자실했다. /
지진으로 건물이 붕괴된 와중에도 시민들이 침착하게 대처해 피해를 줄일 수 있었다.
5) 비상벨이 울려 사람들이 우왕좌왕하는 와중에 아이들의 울음소리까지 들려 더 정신이 없었어요. /
비상벨이 울려 사람들이 우왕좌왕하는 와중에도 침착하게 비상구로 안내해 준 직원들 덕분에 무사했어요.

6 동사 (으)ㄹ 리 없다

연습 1
1) 그녀는 고소 공포증이 심해서 그렇게 높은 층에 살 리 없어요.
2) 평생을 정직하게 살아오신 그분의 말이 거짓일 리 없어.
3) 그는 막내의 수술이 잘못될 리 없다면서 어머니를 안심시켜 드렸다.
4) 친구는 열심히 공부해서 시험에 떨어질 리 없는데도 걱정을 많이 했다.
5) 제안서를 집에 두고 왔을 리 없는데 가방을 아무리 뒤져 봐도 없네요.

연습 2
1) 제대로 할 리 없어
2) 무상으로 수리해 줄 리 없어
3) 꿈이 없을 리 있겠어요
4) 여유가 있을 리 없는데도

연습 3
1) 건망증이 심한 오 대리가 그 약속을 기억할 리 없다.
2) 그는 배우 김은아 씨의 10년 지기 친구라서 그녀의 생일을 모를 리 없을 거예요.
3) 용의자는 혼자서 범행을 저질렀다고 자백했지만 단독 범행일 리 없습니다.
4) 노사 간의 입장 차이가 워낙 크다 보니 임금 협상이 순조로울 리 없다.
5) 그녀 같은 완벽주의자가 대충 넘어갈 리 있겠어요?

모범 답안

7 동사 던 차에

연습 1
1) 특별한 일이 없어 집에서 빈둥거리던 차에 친구에게서 농구나 하자는 전화가 걸려 왔다.
2) 매번 재료를 손질하는 게 너무 번거롭던 차에 데우기만 하면 바로 먹을 수 있는 간편식이 눈에 띄었어요.
3) 행사 규모가 커서 도움의 손길이 필요하던 차에 봉사 동아리에서 인력 지원을 해 주었다.
4) 헤어스타일에 변화를 주고 싶던 차에 생일 선물로 미용실 무료 이용권을 받았어요.
5) 손님이 없어 가게 문을 일찍 닫으려던 차에 한 남자가 뛰어 들어와 죽 한 그릇을 포장해 달라고 했다.

연습 2
1) 만사가 귀찮던 차에
2) 소식이 궁금하던 차에
3) 신경이 쓰이던 차에
4) 방을 뒤지려던 차에

연습 3
1) 엄마가 만들어 주시던 음식이 그립던 차에 친구가 추천해 준 식당에서 비슷한 맛을 느낄 수 있었어요.
2) 졸업을 앞두고 진로를 고민하던 차에 해외 인턴십 프로그램에 참여해 보지 않겠냐는 제안을 받았어요.
3) 마라톤에 도전해 보고 싶던 차에 단축 마라톤 대회가 열린다는 얘길 들었어요.
4) 장시간 운전해서 졸리던 차에 마침 휴게소 표지판이 보였어요.
5) 친구의 표정이 어두워 무슨 일이 있는 건지 물어보려던 차에 친구가 먼저 말을 꺼내더라고요.

8 동사 (는/ㄴ)다는

연습 1
1) 제가 호텔 경영에 대해 체계적으로 배우고 싶다는 고민을 하던 중 귀 대학의 호텔학과를 알고 지원하게 되었습니다.
2) 얼마 전에 아파트 단지 안에서도 교통사고가 빈번하게 일어난다는 조사 결과가 나왔습니다.
3) 어떤 나라에서는 기업 내부의 임금 격차가 열두 배를 넘지 못하도록 하자는 제안을 국민 투표에 부친 일도 있었다.
4) 암스트롱은 우주로 나갔다가 살아 돌아올 확률이 얼마나 되냐는 아내의 물음에 선뜻 답을 하지 못했다.

연습 2
1) 처벌해서는 안 된다는
2) 일부 계층만 이용하는 시설이라는
3) 크게 기여했다는
4) 일정을 여유롭게 짜라는

연습 3
1) 지난주에 응모한 팬 사인회에 당첨됐다는 메시지를 받으니 기분이 좋아지네요.
2) 그 두 사람이 쌍둥이라는 사실을 처음에는 모르고 있었습니다.
3) 본사에서 업무용 컴퓨터에 불법 소프트웨어를 설치하지 말라는 지시가 내려왔다.
4) 이 회사에 입사한 것에 만족하냐는 질문에 사람들이 서로 답을 미루었다.
5) 반 친구들에게 앞으로 친하게 지내자는 뜻에서 작은 선물을 준비했어요.

9 명사 은/는 고사하고

연습 1
1) 일 년 후는 고사하고 당장 내일도 무슨 일이 생길지 알 수 없다.
2) 학점 계산을 잘못하는 바람에 조기 졸업은 고사하고 학교를 한 학기 더 다닐 뻔했어요.
3) 피곤해서 집 밖으로 나가는 건 고사하고 소파에서 몸을 일으키기도 싫었다.
4) 이 지역은 황량한 사막이라 나무는 고사하고 풀조차 제대로 자라지 않는 곳이었습니다.
5) 우리 사회에는 에어컨은 고사하고 선풍기도 마음 편히 사용하지 못하는 사람들이 있습니다.

연습 2
1) 제철 과일은 고사하고
2) 눈 구경은 고사하고
3) 판매 실적이 호전되는 건 고사하고
4) 나와서 반겨 주는 건 고사하고

연습 3
1) 지금 정도의 한국어 실력으로 대학원에 진학하면 논문은 고사하고 수업 시간에 발표하기도 쉽지 않을 거야.
2) 우연히 첫사랑을 본 순간 당황한 나머지 그동안 어떻게 지냈냐는 인사는 고사하고 바로 뒤돌아서 그 자리를 피해 버렸습니다.
3) 그는 집안 형편이 어려워 용돈을 받는 건 고사하고 아르바이트로 학비와 생활비를 충당하고 있습니다.
4) 바다 가까운 곳으로 숙소를 잡았는데 바다가 보이는 건 고사하고 파도 소리도 들리지 않아서 실망했어요.
5) 집에서 학교까지 너무 멀다 보니 아침밥을 챙겨 먹는 건 고사하고 지각하기 일쑤야.

10 동작동사 (으)랴 동작동사 (으)랴

연습 1
1) 도자기 체험이 처음이다 보니 선생님 시범 보랴 도자기 빚으랴 사진 찍을 여유도 없어요.
2) 열차가 목적지에 다다르자 사람들은 짐 챙기랴 아이들 옷 입히랴 몹시 분주했다.
3) 축제 무대 뒤편에서는 참가자들이 의상 점검하랴 연습하랴 바삐 움직였다.
4) 여행 일정이 빡빡해서 가이드 따라다니랴 구경하랴 정신없던 기억이 납니다.
5) 이사가 얼마 남지 않아서 짐 정리하랴 필요한 물건 주문하랴 눈코 뜰 새 없이 바빠요.

연습 2
1) 받으랴, 만들랴
2) 연기하랴, 노래하랴
3) 모시랴, 돌보랴
4) 치우랴, 쌓으랴

연습 3
1) 식당 직원들은 사람들이 몰려오는 시간이 되면 테이블 세팅하랴 주문 받으랴 할 일이 많다.
2) 그는 뒤늦게 대학 공부를 시작해서 일하랴 공부하랴 하루 24시간이 부족하다.
3) 나는 요리에 서툴러서 조리법 검색하랴 요리하랴 부산만 떨다가 지친다.
4) 택배 기사 박정민 씨는 물건 배달하랴 고객에게 확인 문자 보내랴 손이 열 개라도 부족하다.
5) 지은 씨와 준호 씨는 결혼을 앞두고 집 알아보러 다니랴 예식 준비하랴 바쁘다.

모범 답안

11 동사 (으)ㄴ 나머지

연습 1
1) 갑자기 바닥과 책장이 흔들려서 겁을 먹은 나머지 신발도 신지 못하고 뛰쳐나왔어요.
2) 그 아이돌 그룹은 멤버 간의 불화가 심해진 나머지 결국 해체되고 말았다.
3) 동생이 소개팅에서 부끄러움을 탄 나머지 상대방 눈도 똑바로 쳐다보지 못했다고 하더라고.
4) 룸메이트가 소리에 민감한 나머지 작은 기척에도 잠을 이루지 못했다.
5) 은정이는 유학 기회를 놓친 후 속이 상한 나머지 밥도 잘 먹지 않고 방 안에만 틀어박혀 있다.

연습 2
1) 신경을 쓴 나머지
2) 놀란 나머지
3) 실망한 나머지
4) 기가 막힌 나머지

연습 3
1) 게임에 열중한 나머지 수업이 시작되었는지도 몰랐어요.
2) 소설의 결말이 너무 슬픈 나머지 소리 내어 울고 말았다.
3) 그는 자신의 능력을 과대평가한 나머지 무모한 도전을 일삼았습니다.
4) 태풍이 심하게 분 나머지 가로수의 나뭇가지들이 부러졌다.
5) 불황이 계속되면서 소비 심리가 위축된 나머지 소비자들의 지갑이 좀처럼 열리지 않고 있다.

12 동사 (는/ㄴ)다(고) 치다

연습 1
1) 콘서트가 아홉 시에 끝난다 치고 돌아오는 버스는 열 시 표로 예매하자.
2) 매일 단어를 스무 개씩 외운다고 치면 한 달에 600개의 단어를 외울 수 있다.
3) 하루 두 끼를 사 먹는다고 치면 5일 동안 한국을 여행할 때 식비는 얼마나 들까요?
4) 나는 네 잘못을 눈감아 준다 쳐도 과장님은 안 봐주실걸.
5) 배고픔을 없애는 약이 개발된다고 쳐도 음식을 먹는 즐거움까지 충족하지는 못할 것이다.

연습 2
1) 괜찮다고 쳐도
2) 여유가 생긴다고 쳐도
3) 당선된다고 치고/당선됐다고 치고
4) 깜빡할 수 있다고 치자

연습 3
1) 우리가 좀 손해 본다고 치고 이번 기회는 양보하자.
2) 기초부터 다시 공부한다고 치고 초급 책부터 다시 봤어요.
3) 매달 20만 원씩 모은다고 치면 1년 후에는 새로 출시되는 노트북을 살 수 있겠지요?
4) 한 번은 실수할 수 있다고 쳐도 매번 같은 잘못을 저지르면 안 되지.
5) 그 사람이 사건 현장에 있었다고 쳐도 무조건 범인으로 의심하는 건 문제가 있다.

13 동사 (으)ㄴ/는 이상

연습 1
1) 스스로 문제를 해결하려고 노력하지 않는 이상 나도 널 도와줄 생각이 없어.
2) 사회에 첫발을 내디딘 이상 부모에게 의지하기보다는 경제적으로 독립해야 한다.
3) 자신이 하겠다고 입 밖으로 내뱉은 이상 그 말에 책임지는 모습을 보여야지.
4) 한번 칼을 뽑은 이상 무라도 잘라야 한다는 말을 들어 본 적 있어요?
5) 소비자의 과실이 아닌 이상 전자제품은 일정 기간 무상으로 수리를 받을 수 있어요.

연습 2
1) 큰 이변이 없는 이상
2) 기한을 넘긴 이상
3) 유명인의 가족인 이상
4) 바보가 아닌 이상

연습 3
1) 우리가 세상에 둘도 없는 친구인 이상 기쁜 일도 슬픈 일도 함께 나눌 수 있어야 해.
2) 이 작품에 대한 표절 논란이 가라앉지 않는 이상 해외 출판을 진행하는 건 무리가 있어요.
3) 우리가 요구한 조건이 충족되지 않는 이상 거래를 추진하기는 어렵습니다.
4) 이미 새 옷의 상표를 뗀 이상 교환은 가능해도 환불은 원칙적으로 불가능합니다.
5) 심사숙고해서 선택한 직업인 이상 힘든 순간이 있더라도 초심을 잃어서는 안 된다.

14 동사 아/어 봤자

연습 1
1) 아무리 울고 떼를 쓰며 졸라 봤자 엄마가 그 비싼 물건을 사줄 리가 없어.
2) 고작 몇 달 준비해서 사업에 뛰어들어 봤자 실패할 게 뻔한데 왜 계속 고집을 피우는지 모르겠어요.
3) 밤하늘의 별이 제아무리 아름답게 빛나 봤자 그녀 앞에서는 빛을 잃는다.
4) 그렇게 온갖 영양제를 챙겨 먹어 봤자 불규칙한 생활습관을 바꾸지 않으면 소용없어.
5) 식당 음식이 맛있어 봤자 엄마가 손수 지어 주시는 밥만 할까?

연습 2
1) 가방끈이 길어 봤자
2) 시치미를 떼 봤자야
3) 문턱이 높아 봤자지
4) 머리를 굴려 봤자

연습 3
1) 국제 유가가 하락해 봤자 소비자가 체감할 수 있을 정도는 아닐 거예요.
2) 부품을 사서 컴퓨터를 조립해 봤자 완제품을 사는 거랑 별반 가격 차이가 없대요.
3) 얼룩진 지 오래된 옷을 세탁소에 맡겨 봤자 깨끗해지기 어려울 거예요.
4) 한국어능력시험 6급 합격이 힘들어 봤자 얼마나 힘들겠어? 난 꼭 해내고 말거야.
5) 어떤 말로 설득해 봤자 그 사람은 눈 하나 깜짝 안 할 것이다.

모범 답안

15 동사 (으)니 망정이지

연습 1
1) 일찍 출발했으니 망정이지 안 그랬으면 길이 막혀 비행기를 놓쳤을지도 몰라요.
2) 기내에 의사가 있었으니 망정이지 하마터면 응급 환자가 목숨을 잃을 뻔했어요.
3) 달력에 메모를 해 놓았으니 망정이지 아니었으면 어머니 생신도 잊었을 것 같아.
4) 덜 맵게 해 달라고 했으니 망정이지 안 그랬으면 너무 매워서 한입도 못 먹었을 거예요.
5) USB에 따로 저장을 해 놓았으니 망정이지 그러지 않았으면 그동안 작업한 문서들을 다 날릴 뻔했습니다.

연습 2
1) 평소에 열심히 준비했으니 망정이지
2) 초행길이 아니었으니 망정이지
3) 요즘이 비수기이니 망정이지
4) 목격자가 나타났으니 망정이지

연습 3
1) 지난 시합이 연습 경기였으니 망정이지 아니었으면 공개적으로 망신을 당했을 거예요.
2) 일주일 전에 예약을 했으니 망정이지 안 그랬으면 방 잡기 힘들었을 거야.
3) 건물이 비어 있는 시간에 화재가 났으니 망정이지 사람들이 있었다면 인명 피해가 클 뻔했네요.
4) 재료를 여유 있게 준비했으니 망정이지 안 그랬으면 음식이 모자랐을 거야.
5) 미리 환전을 했으니 망정이지 이번 주까지 기다렸으면 갑자기 오른 환율 때문에 크게 손해를 볼 뻔했다.

16 동사 (으)ㄹ 법하다

연습 1
1) 수천만 원을 호가하는 그런 비싼 옷은 부유층에게나 어울릴 법해요.
2) 교육 문제를 논하는 자리에서 국제 관계를 언급하는 것이 뜬금없다고 생각할 법합니다.
3) 들뜬 마음으로 해외여행을 다니다가 물건을 잃어버리는 일은 누구에게나 있을 법하지요.
4) 나무의 둘레와 나이테를 보니까 수령이 적어도 백 년은 넘었을 법한데요.
5) 회담 준비를 위한 선발대가 한 시간 전에 출발했으니 지금쯤 충분히 도착했을 법합니다.

연습 2
1) 난리가 날 법하지
2) 금리 인상을 고려할 법해
3) 흥행에 성공했을 법한데
4) 먹어 봤을 법한 / 먹어 볼 법한

연습 3
1) 수출 호조로 경기가 좋아지면서 물가가 상승할 법도 한데 농산물 가격 하락으로 물가는 오히려 안정적이다.
2) 깊은 밤 골목에서 갑자기 누가 튀어나오면 깜짝 놀랄 법도 한데 친구는 아무 일 없었다는 듯이 걸어갔다.
3) 의외의 장소에서 싫어하는 사람을 만나면 당황스러울 법도 한데 그녀는 태연히 인사를 나누었다.
4) 내 책을 빌려간 지 두 달도 넘었으니 이제는 돌려줄 법한데 아직까지도 안 주고 있어요.
5) 이렇게 분위기가 좋고 맛있는 식당이라면 손님들로 북적일 법도 한데 의외로 사람들이 없어서 깜짝 놀랐어요.

17 명사 도 명사 (이)려니와

연습 1 1) 그 식당은 불고기도 불고기려니와 후식으로 나오는 식혜도 유명해요.
2) 이번 겨울은 추위도 추위려니와 미세먼지에 철저히 대비해야겠습니다.
3) 유학 생활은 공부도 공부려니와 현지 문화에 적응하는 일도 만만치 않을걸.
4) 이 그림은 색채도 색채려니와 살아 움직이는 것 같은 밤하늘의 모습이 시선을 끈다.
5) 기존 거래처의 원자재는 가격도 가격이려니와 품질마저 떨어져서 다른 공급처를 찾고 있습니다.

연습 2 1) 디자인도 디자인이려니와
2) 성량도 성량이려니와
3) 규모도 규모려니와
4) 위생도 위생이려니와

연습 3 1) 면접 때에는 옷차림도 옷차림이려니와 자신감 있는 표정과 말투 역시 중요합니다.
2) 미래의 교통수단은 속도 문제도 문제려니와 무인화에 따르는 안전성 문제를 우선 해결해야 한다.
3) 나는 그 사람의 친절함도 친절함이려니와 자신의 일에 최선을 다하는 모습이 마음에 들어.
4) 마라톤 선수는 체력도 체력이려니와 마지막까지 뛰고 말겠다는 강한 의지가 있어야 42킬로미터를 완주할 수 있습니다.
5) 이 회사의 제품은 품질도 품질이려니와 합리적인 가격 때문에 찾는 사람들이 많아요.

18 동작동사 (으)ㅁ으로써

연습 1 1) 정부는 표준어를 제정함으로써 진정한 국민 통합을 꾀하였다.
2) 여성 고용 할당제를 시행함으로써 특정 직업에서의 남성 편중 현상을 조금이나마 완화할 수 있었다.
3) 이 소설은 하나의 사건을 다른 관점에서 제시함으로써 다양한 해석을 가능하게 합니다.
4) 부모가 근검절약하는 모습을 보임으로써 자녀에게 자연스럽게 경제관념을 심어 줄 수 있습니다.
5) 김정수 씨는 국제 기능 대회에서 최우수상을 받음으로써 한국 기술 인력의 우수성을 세계에 알렸다.

연습 2 1) 회전함으로써
2) 체험함으로써
3) 고조됨으로써
4) 획득함으로써

연습 3 1) 경찰이 장기 미제 사건을 해결함으로써 피해자들의 억울함을 조금이나마 달랠 수 있게 되었습니다.
2) 화학 비료 대신 천연 비료를 사용함으로써 토양이 되살아나는 계기가 되었다.
3) 염색 공장에서 지속적으로 폐수를 유출함으로써 인근 주민들은 건강에 심각한 문제가 생겼다.
4) 모피로 만든 옷을 구매하지 않음으로써 동물 보호 운동에 힘을 보태고 싶습니다.
5) 농촌 지역의 교육, 문화 시설을 확충함으로써 도시와 농촌 간의 격차를 해소할 필요가 있다.

모범 답안

19 동사 (으)ㄹ망정

연습 1
1) 돈을 못 벌망정 고객을 속여 물건을 팔지는 않을 것이다.
2) 평생을 혼자 살아갈망정 그런 사람하고는 결혼하고 싶지 않아요.
3) 우리 집은 비좁을망정 사랑하는 가족들과 함께할 수 있어서 무엇보다 소중한 곳입니다.
4) 비록 헌책들일망정 배움에 목말랐던 내게는 훌륭한 스승과도 같았습니다.
5) 중고차를 구입했을망정 마음만은 새 차를 산 것 못지않게 설렜다.

연습 2
1) 도움의 손길을 내밀지는 못할망정
2) 어깨를 두드려 주지는 못할망정
3) 행동을 나무라지는 못할망정
4) 허물은 덮어 주지는 못할망정

연습 3
1) 조퇴를 하고 돌아올망정 나 자신과의 약속을 지키기 위해서라도 반드시 등교는 해야겠다.
2) 비록 이번 일은 실패했을망정 장차 성공의 밑거름이 될 것이라고 믿는다.
3) 내가 가고자 하는 이 길이 가시밭길일망정 끝까지 포기하지 않고 가 보겠다.
4) 부모님께 효도를 하지는 못할망정 오히려 속을 썩이면 어떻게 하니?
5) 어리석은 짓을 하려는 친구를 말리지는 못할망정 부추기면 안 되지.

20 동사 (으)ㄴ/는 만큼

연습 1
1) 여기는 역세권인 데다가 사람도 많이 다니는 만큼 식당 차리기에 좋을 것 같아요.
2) 이 팀은 큰 경기에서 유독 강한 만큼 상대에 비해 전력이 다소 떨어져도 승리를 점치는 사람들이 많다.
3) 종이에도 손을 베일 수 있는 만큼 빳빳한 새 종이를 다룰 때에는 조심할 필요가 있다.
4) 결혼이야말로 인생의 중대사인 만큼 결정에 신중을 기해야 해요.
5) 초기 모델부터 디자인으로 호평을 받은 만큼 다음 제품 역시 외형에 공을 들일 것으로 예상됩니다.

연습 2
1) 북새통을 이루는 만큼
2) 변수가 많은 만큼
3) 소문이 자자한 만큼
4) 분위기가 무르익은 만큼

연습 3
1) 1인 가구가 해마다 증가하고 있는 만큼 이들을 대상으로 한 주거 시설이나 관련 산업들의 전망이 밝다.
2) 이번 일은 시작부터 분위기가 좋은 만큼 결과 역시 좋을 겁니다.
3) 행사장의 주차 공간이 협소하여 혼잡이 예상되는 만큼 다소 불편하시더라도 대중교통을 이용해 주시기 바랍니다.
4) 이 약은 졸음, 소화불량과 같은 부작용이 보고된 만큼 복용 전에 의사와 상담할 것을 권합니다.
5) 가전제품은 한번 사면 오래 사용하는 물건인 만큼 디자인보다는 내구성에 중점을 두고 고르는 것이 좋다.

21 동작동사 (으)ㄹ 바에

연습 1

1) 큰 비용을 들여 환경정화시설을 설치할 바에 벌금을 내겠다는 기업이 있어 문제가 되고 있다.
2) 대충 해서 욕을 먹을 바에 차라리 사정을 이야기한 뒤 못 하겠다고 거절하세요.
3) 지키지 못할 약속을 할 바에 아예 하지 않는 편이 상대방을 위해서도 좋아요.
4) 주어진 상황을 피하지 못할 바에 어렵고 힘들어도 웃으면서 이겨 냅시다.
5) 신인 골퍼 김성주 씨는 기왕 골프에 인생을 걸 바에 최고의 선수가 되겠다는 각오로 필드에 나섰다고 말했다.

연습 2

1) 방황할 바에
2) 충원할 바에
3) 폐기 처분할 바에
4) 시간을 죽일 바에

연습 3

1) 혈세를 들여 지은 월드컵 경기장을 방치할 바에 문화 공간으로 바꾸어 개방해 주십시오.
2) 길에 떨어진 물건에 손을 대서 의심을 받을 바에 차라리 그 자리에 그대로 두는 것이 낫다.
3) '1+1' 행사라고 불필요한 물건을 살 바에 먹을 걸 하나 더 사.
4) 휴대폰이 고장 나서 어차피 바꿀 바에 디자인도 좋고 새로운 기능도 많은 최신형으로 바꾸고 싶어요.
5) 기왕 외국 생활을 할 바에 여러 가지 경험을 해 보는 게 좋아요.

22 동작동사 는 한이 있더라도

연습 1

1) 몸이 부서지는 한이 있더라도 맡은 일에 최선을 다하겠습니다.
2) 다시 한번 속는 한이 있더라도 그 사람을 끝까지 믿어 보고 싶어.
3) 선거에서 또 지는 한이 있더라도 깨끗하고 당당하게 선거 운동을 할 것입니다.
4) 추가 예산을 편성하는 한이 있더라도 해양 폐기물 문제를 시급히 해결해야 합니다.
5) 사건 해결이 늦어지는 한이 있더라도 무고한 피해자를 만들어서는 안 된다.

연습 2

1) 하늘이 두 쪽 나는 한이 있더라도
2) 무대에서 쓰러지는 한이 있더라도
3) 졸업을 미루는 한이 있더라도
4) 완공이 늦어지는 한이 있더라도

연습 3

1) 내 눈에 흙이 들어가는 한이 있더라도 이 결혼만은 절대 허락할 수 없다.
2) 사람들에게 비난을 받는 한이 있더라도 정치 개혁을 절대 멈추어서는 안 된다.
3) 매일 라면만 먹고 사는 한이 있더라도 여행을 위한 지출을 줄이고 싶지는 않아요.
4) 관계가 소원해지는 한이 있더라도 가까운 사람과 돈 거래는 하지 않는 것이 좋다.
5) 불의의 사고로 위험에 처하는 한이 있더라도 일생에 꼭 한 번은 에베레스트산 정상에 올라 보고 싶습니다.

모범 답안

23 동작동사 는 한편

연습 1
1) 사이버경찰청은 허위 정보 단속에 집중하는 한편 관련 사이트에 이미 유포된 정보의 삭제를 요청하기로 했다.
2) 직업심리검사는 개인의 심리를 측정해 자신에 대한 이해를 높이는 한편 적합한 진로를 선택할 수 있게 도움을 줍니다.
3) 운동 치료 요법을 쓰면 틀어진 자세를 바로잡을 수 있는 한편 근육을 강화시키는 데에도 도움이 됩니다.
4) 이 점퍼는 기능성 원단을 사용하여 한기의 침투를 막는 한편 체내에서 발생하는 열이 빠져나가지 않도록 해 준다.

연습 2
1) 길러 주는 한편
2) 마련하는 한편
3) 자극하는 한편
4) 고취시키는 한편

연습 3
1) 요즘 젊은 세대는 SNS를 통해 서로 소식을 주고받는 한편 필요한 정보를 얻기도 한다.
2) 숲 체험 프로그램은 심신의 피로와 긴장감을 풀어 주는 한편 자연의 소중함을 느끼게 해 준다.
3) 그 자동차 회사는 잇따른 사고의 원인을 조사하는 한편 피해 보상 방안을 논의 중입니다.
4) 눈 건강을 지키려면 외출 시 선글라스를 착용하는 한편 평소 미네랄과 비타민을 섭취하는 것이 좋습니다.
5) 한국어 실력 향상을 위해 고급에 맞는 표현을 사용하려고 노력하는 한편 한국 사람들이 자주 사용하는 표현도 학습하고 있습니다.

24 동사 (으)ㄹ까마는

연습 1
1) 체력이 하루아침에 좋아질까마는 꾸준히 운동하다 보면 분명히 효과가 있을 거야.
2) 가벼운 접촉 사고라고 하니 설마 크게 다쳤을까마는 놀란 마음이 가라앉지 않는다.
3) 다른 사람의 마음이 내 마음 같겠냐마는 어쩌면 저렇게 자기만 생각할까?
4) 타고난 성격이 쉽게 바뀌겠냐마는 성격이 매사에 문제가 된다면 고치기 위해 노력은 해야지.
5) 세상에 흠 없는 사람을 찾는 게 쉬운 일이랴마는 한 나라의 지도자를 선택할 때는 그 사람의 여러 가지 면을 꼼꼼히 살펴봐야 한다.

연습 2
1) 한둘이랴마는
2) 한적할까마는
3) 별수 있겠냐마는
4) 대수랴마는

연습 3
1) 인생이 계획대로 되기만 한다면 무슨 걱정이 있을까마는 살다 보면 누구에게나 예상하지 못한 일이 벌어지기 마련이다.
2) 바빠서 잊고 지내는 것이 한둘일까마는 소중한 사람을 자주 못 만나는 것만큼 아쉬운 일은 없다.
3) 혼자 살면서 밥을 얼마나 자주 해 먹겠냐마는 기본적인 조리 도구는 있어야지.
4) 세상에 돈을 싫어하는 사람이 어디 있겠냐마는 벼락부자가 된 뒤 불행해진 사람들을 보면 돈이 무조건 좋은 것 같지도 않다.
5) 첫술에 배부르랴마는 일의 성과가 빨리 나오지 않으니 조급해진다.

25 명사 도 명사 나름이다

연습 1 1) 맛집도 맛집 나름이야. 힘들게 찾아갔는데 음식 맛이 동네 식당만도 못해서 실망을 많이 했어.
2) 장난감도 장난감 나름이지요. 어떤 장난감은 사람을 크게 다치게 할 수도 있더라고요.
3) 선물도 선물 나름 아니겠습니까? 대가를 바라고 주는 선물은 받지 않는 것이 더 낫습니다.
4) 취미도 취미 나름인 것 같아. 극한 스포츠 중에는 목숨을 잃을 정도로 위험한 것도 있어.

연습 2 1) 기부도 기부 나름이에요
2) 보약도 보약 나름인가 봐
3) 광고도 광고 나름이야
4) 관심도 관심 나름인 것 같아요

연습 3 1) 배우도 배우 나름이야. 작품이 바뀌어도 계속 같은 연기만 보여 주는 배우는 매력이 없어.
2) 명품도 명품 나름인 것 같아요. 그 가방은 명품이라지만 소재나 디자인이 그다지 고급스러워 보이지는 않던데요.
3) 질문도 질문 나름이지. 인터뷰할 때 그렇게 사적인 걸 물어보는 건 실례인 것 같아.
4) 아이디어도 아이디어 나름입니다. 아무리 기발해도 실용적이지 않다면 무슨 소용이 있겠습니까?
5) 승진도 승진 나름이지요. 가족과 떨어져 지방으로 가야 하는 거라서 축하를 받을 일인지 잘 모르겠어요.

26 동사 (으)ㄴ/는/(으)ㄹ 데

연습 1 1) 처음에는 마을 도서관을 목조 건물로 짓는 데 동의하는 사람이 별로 없었어요.
2) 고등학생 때 저는 새로 나온 플라모델을 사 모으는 데 용돈을 다 쓰곤 했습니다.
3) 컴퓨터가 낡기는 했지만 문서를 작성하고 편집하는 데에는 아무런 문제가 없어요.
4) SNS로 소통하는 데 익숙한 세대가 등장하면서 기업은 SNS를 적극적으로 마케팅에 활용하게 되었다.
5) 보통 종이의 원료가 되는 나무 한 그루를 기르는 데에는 20여 년이 소요되지만 사탕수수는 매년 수확할 수 있어 종이 제작에 드는 시간과 비용을 획기적으로 줄일 수 있다.

연습 2 1) 으슥한 데가
2) 입안이 헌 데
3) 흠잡을 데가
4) 손에 닿지 않는 데

연습 3 1) 적립된 포인트는 음료를 큰 사이즈로 바꾸는 데 사용할 수 있습니다.
2) 나는 새로 나온 기기나 전자 제품을 다루는 데 서툴러서 불편할 때가 많아.
3) 기후변화협약은 각국의 온실가스 배출을 규제하여 지구 온난화를 늦추는 데 목적이 있다.
4) 유학 시절에 늘 시간이 부족했지만 그래도 한 달에 한 번 보고 싶은 공연을 보러 가는 데에는 시간과 노력을 아끼지 않았어요.
5) 주차되어 있던 차량의 블랙박스가 진범을 잡는 데 가장 큰 역할을 했습니다.

모범 답안

27 동사 (으)니/느니 동사 (으)니/느니 (하다)

연습 1
1) 감사의 의미로 준 돈에 대해 많으니 적으니 하면서 따지는 것은 좋지 않다.
2) 이미 진상이 밝혀진 일을 이제 와서 사실이니 거짓이니 하면서 논할 필요가 없어요.
3) 친구들은 월드컵 조 편성이 잘됐다느니 아니라느니 하면서 의견을 달리했다.
4) 산에 오르던 사람들은 날씨가 나빠지자 되돌아가자느니 계속 올라가자느니 하면서 실랑이를 벌였습니다.
5) 고향에 계신 부모님은 전화 통화만 하면 밥은 잘 먹느냐느니 잠은 잘 자느냐느니 하시면서 걱정을 하세요.

연습 2
1) 성격이 좋다느니 인상이 좋다느니
2) 미우니 고우니
3) 전망이 좋다느니 빛이 잘 든다느니
4) 보증금을 내려야 한다느니 공공 주택을 늘려야 한다느니 / 보증금을 내려 달라느니 공공 주택을 늘려 달라느니

연습 3
1) 고향 가는 길이 머니 가까우니 해도 명절만 되면 고속 도로가 귀성 차량으로 꽉 찬다.
2) 임신 소식을 알리자 아들이니 딸이니 하면서 가족들이 기쁨을 감추지 못했다.
3) 외국에서 공부하는 것이 외로우니 힘드니 해도 해 볼 만한 것 같아요.
4) 의원들은 선거법 개정안을 놓고 통과시켜야 한다느니 보류해야 한다느니 하면서 의견 대립을 보였다. /
의원들은 선거법 개정안을 놓고 통과시키라느니 보류하라느니 하면서 의견 대립을 보였다.
5) 사람들은 이번 전시회가 기대 이상이라느니 획기적이라느니 하면서 찬사를 아끼지 않았다.

28 동작동사 느니만 못하다

연습 1
1) 무엇이든 지나친 것은 모자라느니만 못합니다.
2) 이렇게 준비가 덜 된 상태라면 개업을 늦추느니만 못해요.
3) 새로운 정책이 소수의 부유층만을 위한 것이라면 실시하지 않느니만 못하다.
4) 실현 가능성이 희박한 목표에 매달리는 것은 애초에 시작을 하지 않느니만 못합니다.
5) 어학연수를 가서 같은 언어권의 친구들하고만 어울린다면 그냥 국내에서 공부하느니만 못해요.

연습 2
1) 제도를 시행하지 않느니만 못해요
2) 꽃 하나가 그려져 있느니만 못해요
3) 소포장 제품을 사느니만 못해
4) 리메이크는 하지 않느니만 못하다는

연습 3
1) 저가 렌즈를 사용한 선글라스는 시력에 악영향을 줄 수 있기 때문에 쓰지 않느니만 못 합니다.
2) 요가는 초기에 잘못 배우면 자세 교정이 어려우므로 차라리 배우지 않느니만 못하다.
3) 무리하게 운동하는 건 건강을 해칠 수 있기 때문에 차라리 운동을 하지 않느니만 못해요.
4) 건물의 안전 진단이 형식적으로 이루어진다면 오히려 더 큰 피해를 유발할 수 있기 때문에 하지 않느니만 못합니다.
5) 진심이 담기지 않은 사과는 상대의 마음에 더 큰 상처를 줄 수 있기 때문에 차라리 하지 않느니만 못합니다.

29 동사 (으)ㄴ/는/(으)ㄹ 판에

연습 1
1) 제시간에 회의를 시작해도 언제 끝날지 모를 판에 한 시간이나 지각을 하면 어떡해요?
2) 동생이 투자금을 회수하지 못해 지금 형편이 어려운 판에 다른 사업에까지 손을 대려고 하니 큰일이에요.
3) 공약을 알리는 일에 매진해도 부족할 판에 상대 후보를 깎아내리기에만 급급하니 한심하네요.
4) 주인공이 정신을 차리고 복수에만 신경 써도 시원찮을 판에 악당과 사랑에 빠지는 걸 보면서 정말 비현실적이라고 느꼈어요.
5) 관계 부서가 협력해서 사고 수습을 해도 될까 말까 할 판에 서로에게 책임만 떠넘기고 있다.

연습 2
1) 골치가 아픈 판에
2) 귀에 못이 박힐 판에
3) 한 푼이 아쉬운 판에
4) 채널이 돌아가는 판에

연습 3
1) 국가를 대표해서 올림픽에 출전하는 것만으로도 어깨가 무거운 판에 메달까지 따야 하니 부담이 크다.
2) 플라스틱 빨대를 쓰지 말자는 캠페인에 초등학생들도 동참하는 판에 어른들이 아무런 문제의식이 없다는 게 말이 돼요?
3) 클래식 공연 중에는 작은 소리만 나도 방해가 될 판에 전화 통화까지 하는 건 정말 꼴불견이에요.
4) 노후 생활을 위해 허리띠를 졸라매야 할 판에 그렇게 돈을 물 쓰듯 하면 금세 바닥날 거야.
5) 돌다리도 두드려 보고 건너야 할 판에 자세한 정보를 알아보지 않고 추진하는 건 위험해요.

30 동사 (으)ㄴ/는/(으)ㄹ 바

연습 1
1) 우리가 원하는 바가 받아들여진다면 조용히 물러날 것이다.
2) 앞서 공지한 바대로 연수 일정을 진행하겠습니다.
3) 많은 비평가들이 그의 유작에 대해 호평한 바가 있다.
4) 위기 상황에서 자신이 해야 할 바를 잘 아는 사람이 현명한 사람이다.
5) 위에서 언급한 바와 같이 하나의 어휘가 한 가지 의미로만 사용되는 것은 아니다.

연습 2
1) 다를 바가
2) 주장하는 바가
3) 약속한 바(가)
4) 밝힌 바와

연습 3
1) 그 사람에 대해 전혀 모르는 바는 아니지만 함께 식사를 하기에는 어색할 것 같다.
2) 사장님은 하반기에 실적 목표량을 달성하면 특별 휴가를 주겠다고 약속한 바 있다.
3) 최근 기상청이 발표한 바에 따르면 올겨울은 예년보다 더 오래 한파가 지속될 것이라고 한다.
4) 대학생들에게 부담을 주고 있는 비싼 등록금 문제가 시급히 해결되어야 한다고 주장하는 바입니다.
5) 대단한 일을 한 것도 아닌데 이렇게 큰 상을 받으니 몸 둘 바를 모르겠네요.

문법 색인

메모

메모